AF390382

CENT QUATRE JOURS

DE

VOYAGE ET SÉJOURS,

OU

RELATION TRÈS - FIDELE, TRÈS - EXACTE,

D'une traversée faite dans les mois de mai, juin, juillet et août 1809, de Fiume à Falmouth, par l'Adriatique, la Méditerranée et l'Océan occidental;

Par un FRANÇAIS qui en mérite le nom.

SE VEND A PARIS,

Chez DELAUNAY, Libraire, au Palais Royal.

Prix : 3 francs.

A DOUAI, de l'imprimerie de VILLETTE. — 1818.

AU LECTEUR. (*)

Ce petit Ouvrage n'est, à proprement parler, qu'un fragment d'un autre beaucoup plus considérable dont je ne puis en ce moment faire les frais d'impression, lequel a pour titre : *L'Amour du Droit et de la Patrie, ou Neuf années d'infortunes, autant essuyées pour la cause du Roi et de la Patrie, que pour celle de tous les Peuples, de tous les Souverains légitimes de l'Europe.*

Cet Ouvrage principal, duquel je parle, divisé en six chapitres distincts, dont le présent Voyage en est un lui-même, n'est au total qu'une sorte de journal d'une partie de ma vie ; journal écrit jour par jour, heure par heure, enfin minute par minute, et dont le mérite ne repose que sur la fidélité et la vérité les plus exactes des faits qui y sont rapportés.

Comme à l'époque où je l'esquissais, je n'étais influencé par rien autre que par ma passion pour le bien, pour l'intérêt du Roi, de mon Pays et de l'Humanité entière, je donnai alors un libre essor à mes pensées ; pensées, il est vrai, aussi ardentes que le sont à la fois mon caractère et mon organisation.

(*) Et particulièrement à Messieurs les *Libraires* qui souhaiteraient, pour leur propre compte, mettre sous presse les fragmens subséquens dont il est parlé ici. Dans ce cas, ils sont priés d'avoir la bonté de s'adresser à M. DELAUNAY.

Néanmoins , tel je pensai en ce tems, tel je pense encore aujourd'hui ; ce qui fait que je ne crois pas , en le donnant au Public , devoir y rien changer, augmenter ou diminuer. J'en userai de même à l'égard des autres ouvrages ou fragmens qui , par les dates , les époques seulement , précéderont ou suivront celui-ci , dans lesquels se trouveront , 1.º *Mes courses en Allemagne , en Pologne , en Russie , etc. , 2.º Trente-quatre mois de séjour en Angleterre ; 3.º Relation d'une traversée d'Angleterre en Amérique ; 4.º Vingt huit mois de séjour aux Etats-Unis d'Amérique ; 5.º Enfin, Voyage des Etats-Unis d'Amérique aux Antilles et des Antilles en Europe ;* de manière que ces six pièces (celle-ci comprise), formeront la période de *neuf années d'infortunes* citées plus haut.

Puissent mes principes , mon esprit d'indépendance, de franchise et de liberté , si manifestement exprimés ici , ne point déplaire à personne ! J'en serais au comble de la joie. C'est néanmoins dans cet espoir, que j'ai l'honneur de saluer celui ou celle qui prend la peine de me lire.

Ce 22 juillet 1818.

CENT QUATRE JOURS

DE VOYAGE ET SÉJOURS,

OU

Relation très-fidèle, très-exacte d'une traversée faite dans les mois de mai, juin, juillet et août 1809, de Fiume à Falmouth, par l'Adriatique, la Méditerranée et l'Océan occidental.

Parti de Fiume dans la nuit du 19 au 20 mai 1809 ; cette nuit n'eut rien de remarquable sinon un beau clair de lune, un calme presque plat, beaucoup de bruit occasionné par le désancrage, et enfin par tout ce qu'il faut faire pour appareiller et mettre à la voile.

Désignation du bâtiment. Le saint-Antonio, brigantin du port de 300 tonneaux, armé de 4 pièces d'artillerie de 8 livres de balle chacune. Ce navire ne paroît être ni vieux ni neuf.

Composition de l'équipage. Antoine *Matcowith*, capitaine-propriétaire ; un écrivain, un maître d'équipage et dix matelots, presque tous d'origine slavonne, quoique parlant communément italien. Ils ont en général l'air de braves gens. Le 20, au point du jour, une multitude de gros oiseaux semblables à des canards cotoyent la surface de la mer, à une portée de fusil du bâtiment. Une heure après, un essaim, ou pour mieux dire, une *fourmillière* de petits poissons passent avec vîtesse sous la proue du navire, en se dirigeant, quoiqu'en masse, avec

une agilité et une dextérité surprenantes. Beaucoup de Poupes marines (terme vulgaire), sorte de cartillages de diverses couleurs , nagent
à nos côtés. Deux énormes Dauphins , à la
distance d'un mille de nous, se jouent sur l'eau,
s'élancent dehors pour y retomber bien vîte ;
car ils paraissent d'une longueur, d'une grosseur considérables, et par cette raison doivent
être d'un grand poids. Le calme qui règne
nous met, ainsi que quinze autres navires partis de Fiume quelque tems avant nous, dans la
nécessité de rester jusqu'à la nuit presqu'en vue
du port. L'eau de la mer refoulée dans l'obscurité soit par l'effet des rames ou de la proue
du bâtiment, produit une lueur et même des
étincelles phosphoriques très-chargées. C'est
delà , je pense , que les astres tirent une partie de leur aliment, mais notamment la lune.

Nouvelles du soir. Le calme que nous éprouvons donne aux capitaines la faculté de se visiter ; c'est ensuite de cela que j'apprends que
notre destination première sera l'île d'*Osero*
ou *Cherso*, distante d'à-peu-près 120 milles du
lieu de notre départ. C'est-là , dit-on , que se
réunissent tous les navires partis ces jours derniers de Trieste, de Fiume, Segna, Porto-Ré,
etc. , lesquels après y avoir formé de petits
convois , se dirigeront sur les points qui leur
sont assignés. Le 21, le calme continue : rien
n'est ennuyant comme cela. — Nous voilà maintenant côtoyés par au moins 36 ou 40 navires
de diverses grandeurs, dont le chargement
semble se composer, en très-grande partie, de
femmes, d'enfans, d'employés d'administration , de bagages, d'artillerie, munitions de
guerre, etc. , évacués des lieux et places où
l'on redoute la présence du général Marmont
et de ses soldats , venant en toute hâte de la

Dalmatie. — Le calme est devenu tellement plat, que la mer en est aussi unie que l'est une glace; ce qui fait qu'on peut facilement se faire comprendre, même à la distance de 2 à 3 milles, sans le secours du porte-voix ; le tout est de parler lentement, fortement et de bien articuler ses mots. Trois de nos matelots ont infructueusement été pêcher sur la côte ; mais pour n'avoir pas à se repentir d'avoir fait une démarche inutile, ils ne se sont fait aucun scrupule de remplir leur caïque ou canot de bois de chauffage qu'ils trouvèrent tout mesuré sur le rivage. On ne peut se figurer combien est agréable la vue d'une quarantaine de navires dispersés çà et là entre ces gorges, ces canaux, ces baies, ces terrains inégaux, coupés, brisés et renversés de l'Adriatique ! — Le biscuit de mer n'est autre chose qu'une sorte de pain de pâte ferme à laquelle on donne diverses formes et figures ,- et qu'on étend assez mince pour, en la cuisant au four, pouvoir la dessécher le plus qu'il est possible : car c'est ce qui détermine sa conservation plus ou moins longue. Il est surprenant qu'étant à terre même, les amateurs de croûte ne fassent point usage de ce pain que je trouve délicieux. Encore que la presque totalité des alimens des marins d'ici se composent de salaisons, cependant est-il vrai qu'ils sont bons, sains; et il faut être réellement difficile pour ne pouvoir s'en accommoder. Outre que la nourriture des marins de ces mers-ci est abondante, ils ont encore la boisson à discrétion, laquelle se compose d'un tiers de gros vin rouge et de deux tiers d'eau. Ce procédé de les abreuver est aussi sage qu'économique ; car jamais on ne les voit ivres. L'eau de la mer, dans ces parages-ci, est du plus beau bleu-barbeau ou lapis foncé qu'il soit possible de voir, et sa diaphanité en est inouie ; car il semble qu'on puisse distinguer , même de petits objets à cent pieds de profondeur. — Nos matelots viennent de tenter une nouvelle *pêche* sur la côte : elle a eu la même réussite que celle précédente; c'est-à-dire qu'elle eut pour résultat un chargement de bois de chauffage. Si une telle façon de s'approvisionner n'est pas fort délicate, au moins n'est-elle ni chère ni pénible : car ces hommes n'ont eu d'autre mal, pour se procurer ce combustible, que de l'enlever sur le rivage , lieu où il avait été débarqué pour être ensuite voituré quelque part , à en juger par une charrette attelée de bœufs qui s'est enfuie à l'approche de nos larrons. Cette fuite a été d'autant mieux fondée et calculée de la part du conducteur du char , que je m'aperçois que nos matelots n'ont d'autre regret que de n'avoir pu saisir au moins une couple de bœufs. Ces hommes, qu'à mon arrivée sur le navire je crus être de braves gens, et qui se comportent néanmoins comme de très-gais flibustiers, se proposent maintenant de retourner ce soir sur la côte opposée pour y acheter des moutons au même prix que celui auquel ils ont eu le bois à brûler. La fraîcheur la plus agréable règne à notre bord ; et au moyen de l'ombre procurée par nos voiles, nous savourons les charmes de la plus belle journée; mais nous n'avançons presque pas. — Il est une heure après-midi. Un vent contraire vient de se lever tout-à-coup. Les vagues s'enflent à vue d'œil et nous forcent à une manœuvre qui serait faite pour effrayer, si l'on devait s'effrayer pour marcher tellement penché qu'une de nos galeries est submergée par les flots. — Il est quatre heures; le calme est rétabli et ne nous laisse d'autres vœux à faire pour avancer , que de souhaiter un gros tems, quel qu'il fût, pourvu qu'en nous portant dans la direction de notre destination première, il nous fasse enfin perdre les côtes de vue. — Nous terminons la journee par une démarche que mon capitaine et moi faisons sur la goëlette *la Sorte*, lieu où, après avoir très-pieusement ouï les litanies, nous acceptons le souper des passagers français, anglais, siciliens, italiens, etc., parmi lesquels se trouvent M. le Consul d'Autriche à Salonique, son fils et son secrétaire. A dix heures nous revenons à notre bord, favorisés du plus beau clair de lune qu'on puisse désirer, et, à minuit, nous jetons l'ancre dans une des anses de l'île de *Cherso* ou d'*Osero*, située entre l'Istrie, la Dalmatie, la Croatie et la Bosnie.

Le 22. Au point du jour, nos matelots nettoient et reaproprient le bâtiment : pour moi, je me fais conduire en canot à *Lossigne* ou *Lossine-Picolo*, ville ou bourg mal bâti, sur une des plus belles rades qu'on puisse jamais voir. Tous les habitans de cette petite ville, Slavons d'origine, sont en quelque sorte marins. Ils ont en propriété près de 60 navires, dont plusieurs armés en corsaires. Notre journée se passe en excès de table, nommés *divertissemens*, auxquels je suis obligé de prendre part, afin de ne me point faire remarquer, et en faisant comme les autres avoir l'air d'approuver leur conduite : car en agir autrement serait faire la critique de leur façon de se comporter, et, dès-lors, m'exposer à quelques brocards. — Les femmes de cette île sont d'une constitution extrêmement forte, au point d'approcher de beaucoup de la taille des hommes, parmi lesquels j'en ai cependant remarqué plusieurs de la hauteur de six pieds. Ces femmes s'habillent de drap noir, s'ornent la tête d'un grand schall de grosse mousseline blanche dont elles forment deux espèces de grands anneaux placés du côté de chaque oreille, en en rejetant les bouts sur le derrière de la tête : le tout est recouvert d'un chapeau d'homme, rond, à large bord et tel enfin que les portent la plupart des paysans de France. Elles se parent ensuite d'énormes boucles d'oreille dans le genre turc. En général, cet accoutrement est loin de leur être favorable.

En revenant coucher à bord, j'ai encore remarqué, avec surprise, les effets phosphoriques que procurent les eaux de la mer : jamais je n'en vis d'aussi chargées qu'elles le sont ici, au point que le moindre mouvement détermine une sorte d'artifice faite pour exciter la curiosité. Nos marins sont si insoucians sur les causes de cette singularité, qu'ils se bornent, pour avoir plutôt fait, de l'attribuer à la réverbération des étoiles.

Le 23. La mer est d'une limpidité inconcevable, au point que des plongeurs de profession m'assurent qu'à la profondeur même de 300 pieds, ils y voient aussi bien que s'ils étaient hors de l'eau. — Nos matelots, dans leur pêche, viennent enfin de saisir quatre chiens-marins, et autant de poissons de la forme d'une petite morue. — Au moyen d'un aviron fixé en forme de gouvernail sur l'arrière d'une chaloupe ou d'un canot, on parvient, en l'agitant de droite et de gauche, à le diriger avec vîtesse et exactitude, sur-tout quand l'eau est calme.

Le 24. *Lossigne* ou *Lossine-grande*, que je viens de visiter, n'a rien de remarquable, excepté la belle rade dont elle est baignée, et la commodité de son port, sinon naturel, du moins accidentel. Il contient en ce moment, outre beaucoup de bâtimens marchands venus des diverses contrées maritimes de l'empire d'Autriche, environ 60 à 70 vaisseaux de toutes grandeurs, appartenans aux habitans de Lossine-grande, habitans qu'on dit s'être fort enrichis depuis 20 ans seulement qu'ils se sont adonnés à la navigation — Depuis mon arrivée dans l'île, je me suis vainement appliqué à découvrir un homme de faible complexion parmi ces Slavons ou Illyriens ; car ils sont en général grands, forts, très-robustes, et une chose qui les honore beaucoup à mes yeux, c'est leur attachement, leur dévouement pour la digne et estimable maison d'Autriche. Les voilà instantanément redevenus sujets de cette illustre maison, par l'évacuation récente des troupes françaises qui s'y étaient établies depuis peu. Il suffit de dire que ces hommes sont provenus des Tartares (ainsi que les Russes, les Polonais, les Bohêmiens, les Vandales, les Carnioliens, etc.), pour faire comprendre que, comme leurs ayeux, ils sont durs à la fatigue, fins, adroits, courageux et industrieux. Cette île de Cherso, comme toutes celles qui l'avoisinent, n'est uniquement composée que des rochers, des monceaux de pierres sans fin, à travers les fentes desquels croissent cependant de menus végétaux pour l'alimentation des chèvres et des moutons, qui sont les seuls animaux que j'y aie vus. Néanmoins ces contrées, qui ne semblent pas recéler l'espace d'un pouce de terre végétale, ont, par le grand travail des habitans, obtenu la propagation chez elles, des oliviers, des figuiers, amandiers, orangers et ceps de vigne. À la vérité ces arbres et arbustes, bien qu'ils donnent du fruit, paraissent souffrir de la pauvreté, de la stérilité du terrain, pour lequel une température toujours chaude fait beaucoup néanmoins.

Le 25. A mesure que je puis joindre les pêcheurs, je m'empresse de visiter le produit de leur pêche, en laquelle je remarque toujours, avec une nouvelle surprise, la variété infinie des poissons, des coquillages, des crustacées, etc. Il paraît très-certain que chaque parage a ses espèces particulières. — Un convoi venant de l'île de Malthe, nous donne l'espoir de quitter bientôt ces régions-ci, lieux où il n'y a que de l'ennui à recueillir. Les frégates anglaises qui ont escorté les vaisseaux composant ce convoi marchand, nous serviront, dit-on, pour nous accompagner, protéger notre marche et assurer notre tranquillité depuis ici jusqu'à Malthe, lieu où 40 à 50 navires de ceux qui sont en ce moment dans les diverses anses ou rades de cette île-ci, doivent se rendre. — L'île d'Osero ou Cherso a, à ce que l'on prétend, 60 milles de circonférence. — Tous les marins de ces parages ci, par objet de mode ou de superstition, ne portent qu'une seule boucle d'oreille : elle est placée à l'oreille droite. — Il est onze heures du soir. Nous quittons l'anse en laquelle nous avions jeté l'ancre à notre arrivée ici, pour nous réunir aux flottes qui sont mouillées dans la grande et belle rade de Lossine-Picolo, distante de 30 milles du point où nous sommes, et de deux milles par terre. Comme on voit, il y a deux villes nommées Lossigne en cette île.

Le 26. Il fait un tems épouvantable. L'orage a régné toute la nuit. La mer est très-mauvaise. L'atmosphère ne retentit que d'un bruit continuel de détonations de tonnerre qui, jointes à une très-grande quantité d'éclairs, vous assourdissent autant qu'elles vous éblouissent ; et, par surcroît de désagrément, c'est que notre navire, dont on n'eut pas le tems d'achever la carène lors de son séjour à Fiume, fait considérablement d'eau. Je me plais à porter les mains aux pompes , afin de soulager un peu les bras de nos matelots presque tous épuisés de fatigue — Le tems s'est cependant assez adouci pour donner à mon capitaine et à moi la possibilité d'aller déjeûner à bord d'un chasse-marée dont le capitaine, chaque fois qu'il déplore les duretés de son état, ou qu'il fait l'éloge de son équipage, soupire, puis vide de suite un grand verre de rhum. Cet être singulier qui, je crois, ne quitte le verre que pour aller se coucher, m'a assuré qu'une bouteille de cette liqueur pouvait le griser s'il la buvait à jeun ; mais qu'il en pouvait aisément supporter six s'il les buvaient en mangeant ou après avoir mangé. Qu'on juge d'après cela ce qu'est un tel homme et tous ceux qui lui ressemblent ! — Il est midi. Nous arrivons au rendez-vous général , lieu où nous jetons l'ancre au centre de la rade, et parmi plus de 150 navires.

Le 27. Il est 4 heures du matin. Nous sommes inopinément réveillés par un orage affreux, mais surtout par un bruit épouvantable causé par la foudre qui vient de tomber dans l'eau , à une très petite distance de notre bâtiment. La position en laquelle se trouve notre navire est une des plus intéressantes qu'on puisse voir, en ce qu'elle facilite, par le moyen d'une échancrure ou affaissement de côte et d'un petit isthme très plat, la vue sur la grande mer, dont nous sommes séparés par une très longue rade en forme de bassin étroit. Cette vue, en quelque sorte d'optique, de perspective, est d'autant plus récréative qu'elle nous offre, par l'activité continuelle des bâtimens qui viennent du Levant, de la Sicile, de la Grèce, de la Dalmatie, etc., une espèce de tableau mouvant trop difficile à décrire pour que j'ose l'entreprendre — Quelques *allarmistes* se plaisent à répandre le bruit que la continuité de notre séjour ici, est nécessitée par la présence de plusieurs corsaires signalés dans les eaux d'Ancône. Encore que ces forbans-là, lorsqu'ils sont à la suite, à la piste d'un convoi marchand ressemblent, pour ainsi dire, aux loups affamés qui rôdent autour d'un paisible troupeau ; cependant suis-je fermement persuadé qu'attendu les croisières anglaises si multipliées dans cette mer-ci, aucun de ces voleurs autorisés par un, par d'autres voleurs plus grands, plus consommés qu'eux, n'oserait mettre le nez à la porte, sans risquer d'être coulé ou pris : d'où je conclus que nous n'aurions rien à redouter de leurs entreprises, si nous remettions à la voile pour suivre notre destination. — Depuis hier, la rade n'est couverte que de canots qui vont à Lossine, ou qui en reviennent. Les équipages de tant de vaisseaux y ont tellement multiplié les consommations de denrées , de comestibles, qu'il devient maintenant très-difficile de s'y procurer même du pain, du vin, quoique les habitans en aient, depuis notre arrivée, quadruplé le prix. Jamais ces contrées-ci ne virent, je crois, tant de vaisseaux à la fois. Parmi le grand nombre de personnes de tous sexes, âges, rangs ; parmi celles de toutes professions et nations diverses, qui se rendent à terre, on distingue particulièrement une vingtaine de très-jolies dames et demoiselles du meilleur ton, mais dont l'accoutrement, selon moi, contraste singulièrement et avec ces lieux-ci, tristes par eux-mêmes, mais surtout avec les circonstances présentes, lesquelles semblent leur reprocher tant de parure dans un moment de calamités et de deuil : car que sommes-nous tous ici ? Des gens en fuite, dont le sort est incertain , au moins pour le présent.

Comme avec de grosses dépenses on peut à

peine se nourrir à terre, nous avons pris le sage parti de nous faire fournir régulièrement des végétaux par une personne qui possède une espèce de jardinet, et au moyen de cela, joint à nos provisions de bord et au poisson de mer que les pécheurs nous apportent, nous faisons meilleure chère sur notre navire qu'on ne le fait souvent dans les plus grandes villes. — La provision de fil et d'aiguille que je fis à Fiume m'est bien utile, pour, à défaut de tailleur, recoudre moi-même les pans de mes vêtemens de route : car en mer, on s'accroche, on se déchire de toutes parts. — On ne saurait se figurer combien certains matelots sont adroits pour harponner jusqu'au moindre poisson, même à une profondeur de 10 à 12 pieds, ainsi que je viens de le voir de la part d'un des nôtres.

Le 28. Le plus beau tems du monde continue de nous favoriser; mais il ne saurait diminuer l'ennui que j'éprouve de perdre si longuement ici des instans précieux que je pourrais utiliser ailleurs si j'y étais rendu. — Nous sommes presque journellement reconnus ou visités par des vaisseaux de guerre et des frégates anglaises, et n'en recevons pas plus pour cela l'escorte dont nous avons, dit-on, besoin pour nous rendre d'ici à Malthe. Si lorsqu'on s'embarque il faut faire bonne provision de résolution, il n'en faut pas moins faire de patience. — 50 navires viennent encore d'entrer en rade; de façon qu'elle en contient maintenant plus de 200. — Des nouvelles défavorables sur les opérations de l'armée autrichienne nous sont parvenues par des voies indirectes. Si cela est exact, le malheur en est d'autant plus grand que la cause qu'elle défend est celle de tous les peuples, de tout ce qu'il y a d'honnête sur la terre et de tous les souverains légitimes..... Néanmoins, quand même la maison à jamais estimable d'Autriche, aurait le malheur de succomber dans la lutte actuelle, incessamment et comme par enchantement, elle n'en renaîtrait pas moins de ses cendres : tels sont mon espoir et mon opinion.

Le 29. Ne sachant que faire ou que devenir, il faut bien aller à terre, à la ville pour y trouver des sujets de distraction et par cet effet chercher à vaincre une partie de l'ennui qu'une vie si monotone procure en ces lieux. — Plus je considère ces insulaires, plus je suis frappé, étonné de leur stature, de leurs belles formes, du caractère de leur figure, du ton de leur peau, de leur jolie denture, enfin de leurs yeux si vifs, si expressifs, si remplis de feux, si intelligens et étincellans. Néanmoins à travers tant d'avantages résultant d'un sang incroisé, presque primitif, on ne peut s'empêcher de souffrir, en remarquant l'excessive finesse de leur regard lequel semble s'allier à des dispositions qui tiennent, à ce que je pense, de l'astuce, de la férocité et même à de la perfidie. — Une multitude de marins et presque tous les capitaines, officiers, passagers des deux sexes, etc., sont par leur inactivité réduits comme nous à venir tuer le tems à la ville; avec cette différence néanmoins que la majeure partie de ces capitaines, par la précaution qu'ils ont prise, dès les premiers jours, en louant des maisons (ce que nous avons négligé de faire) peuvent y séjourner, boire, manger, fumer et dormir depuis le matin jusqu'au soir, si bon leur semble, sans être comme nous obligés de retourner deux fois le jour à bord, pour y prendre nos repas. C'est ainsi qu'ils en usent pour se dispenser du soin, de la fatigue, de penser. En général je n'ai trouvé parmi les hommes de cette profession, que j'ai eu l'occasion de fréquenter, que la plus crasse ignorance et les goûts, les inclinations les plus communes.

Le 3o. Il fait un très-gros vent; mais quoi qu'il soit contraire, je n'en désirerais pas moins que nous fussions en route : car mon impatience est telle que je n'y tiens plus. — Réduit à tout observer pour charmer une partie de mon ennui, je passe une partie de la journée à parcourir les rochers, les monceaux de pierres brisées, ainsi que les lieux qui offrent quelqu'apparence de verdure. Une sorte de buis odoriférant, de la sauge et quelques autres plantes aromatiques croissent en assez grande abondance vers la sommité des montagnes ou rochers. J'y ai même remarqué plusieurs souches de buis ayant plusieurs pieds d'élévation et dont le tronc avait de 4 à 5 pouces de diamètre. Des lézards couleur du plus beau bronze foncé, ayant le ventre d'un rouge fort vif; trois ou quatre sortes de papillons très-variés dans leurs couleurs, lesquels ne se sont nulle part offerts à mes regards, gissent dans ces lieux élevés. — Il est en vérité surprenant de voir avec quelles souplesse, vélocité et dextérité ces gros oiseaux blancs, appelés hyrondelles de mer par les uns, et alcyons par les autres, se plongent du sein des nues jusqu'à la surface des eaux, lieu où, quelque agitées qu'elles soient, ils saisissent une proie qu'ils ont distinguée à une hauteur prodigieuse ! Cette faculté des animaux, leur intelligence, diverses autres qualités et perfections qu'ils possédent, et qu'il ne nous appartient point de définir, devraient suffire à une multitude de personnes injustes, aveugles, entêtées, pour leur faire apercevoir que celui qui anime de pareils êtres, bien qu'ils différent tous par l'organisation et la destination, n'est assurément point un autre auteur que n'est le nôtre ; d'où ils inféreraient que sa volonté est que nous soyons envers eux beaucoup plus humains que nous ne le sommes ordinairement.

Le chant, ou pour mieux dire, le glapissement de ces oiseaux (car il ressemble à celui de certains petits chiens ou renards) est très-désagréable.

Le 31. Mon impatience pour le départ et mon ennui sont tels, qu'un mouvement involontaire me porte chaque jour sur notre pont, une heure avant l'aurore, comme si par cette démarche il m'était possible de les abréger, de les faire finir. Que les personnes vives et mobiles sont à plaindre, sur-tout dans un siècle de contrariétés tel qu'est celui-ci !

Le 1.er de Juin. Je n'ai en vérité plus le courage de mettre la plume à la main, tant mon humeur s'est accrue. Toujours à l'ancre dans cette maudite rade de Lossine, lorsque je pourrais ailleurs mettre à profit ces instans perdus sans aucun fruit ! Cela me désespère. Quelle détestable et exécrable fatalité que celle qui s'obstine depuis si long-tems à croiser mes projets et par ce moyen me met dans l'impossibilité de servir l'Europe contre celui qui en est à la fois la honte et l'opprobre, et qui cependant la domine, l'asservit, la tyrannise en lui insultant si impunément de toutes façons ! Quand ces obstacles cesseront-ils donc, et quand pourrais-je enfin donner un libre cours à ma trop juste indignation, à ma passion si prononcée pour le vrai, l'humain, l'équitable, le raisonnable ! Quand..... ? Je n'en sais en conscience rien ; car j'ai encore devant les mains une multitude de difficultés à vaincre, à renverser. Néanmoins, quelsque soient les revers que j'éprouve, que j'essuie (je prends le ciel à témoin du serment que je fais à ce sujet), mon zèle, et mon dévoûment pour le bien général, pour celui de tous les gens honnêtes ne s'en refroidiront pas plus que ne le fera ma haine et toutes mes autres dispositions, contre la tyrannie, le brigandage et la scélératesse du dernier, du plus bas, du plus vil des intrigans, des charlatans.

Le 2. Les olives marinées ne sont pas chères dans ce pays ; car on en donne un baquet pour moins de 20 sous.—Il y a trois quarts d'heure que j'ai donné du linge à blanchir, et déjà il est lavé, séché, repassé et remis entre mes mains; j'espère que cela peut s'appeler être expéditif. —Je viens encore d'observer une espèce d'abeille, ou pour mieux dire, de guêpe noire comme encre, sorte que je ne remarquai jamais nulle part. Elle est beaucoup plus grosse, plus longue que n'est la guêpe ordinaire, bien qu'elle paraisse en avoir l'allure, les inclinations.

Le 3. Je n'avais pas encore remarqué, ainsi que je viens de le faire, que ces Slavons ou Illyriens, se chaussassent au moyen d'une espèce de sandale faite d'une peau de bœuf ou cheval non tannée, laquelle s'attache à la jambe au-dessus et au-dessous de la cheville du pied par l'effet de petites lanières de la même matière. Cette chaussure très-souple, dégagée, élastique semble être d'un usage indispensable ici, parmi ces montagnes couvertes de pierres cassées aussi dures qu'elles sont tranchantes. — Je viens de voir plus de 300 filles ou femmes au sortir de l'église, toutes affublées et habillées uniformément au moyen de ce dont j'ai déjà rendu compte. Il faut en vérité qu'elles soient bien pour paraître quelque chose dans un accoutrement si bizarre, si désavantageux! Quoiqu'il en soit, on ne peut nier qu'elles ne soient en général pas laides, bien que leur poitrine plate, recouverte d'un carton, paraisse laisser à désirer ce qu'il conviendrait pour en faire de belles femmes. — Plusieurs Malthais, au teint jaune, au regard dur, à l'œil noir, grand, bien dessiné et respirant à la fois la finesse, l'intelligence et la férocité, lesquels viennent d'arriver et de débarquer, paraissent bien n'avoir point dégénéré des Maures, des Sarrazins leurs ancêtres, du moins quant au caractère de figure. A en juger par leur air, ces gens-là doivent être bien cruels et terribles dans l'occasion ! — Dans un autre moment, ces Turcs, Grecs, Levantins, Tunisiens, etc., dont le port abonde, m'offriraient bien des sujets de méditation, si le cœur plus content, je pouvais les observer à mon aise ; mais je n'en ai pas le courage. — Encore des vaisseaux de guerre et des frégates anglaises qui viennent mouiller en dehors de la rade. On répand le bruit qu'ils arrivent des eaux de Trieste, lieu où ils ont trouvé les sept à huit bâtimens russes échoués dans la ville, leur artillerie débarquée et mise en batterie de tous côtés, ce qui les a mis dans l'impossibilité de les attaquer avec succès. En vérité, il est bien surprenant que ces 7 à 8 bâtimens de guerre n'aient pas été pris ou tout au moins brûlés par les anglais lors de l'entrée des Français à Trieste ! car, dès ce moment, la générosité des procédés britanniques pour la Maison d'Autriche, et même pour la Russie, devait avoir son terme, et il ne fallait pas, par tant de complaisance, laisser passer de nouveaux moyens entre les mains de l'ennemi de tout ce qui respire. On ajoute que ces vaissaux de guerre et frégates anglaises sont les mêmes qui, il y a 8 jours, ont détruit le village de *Pezzaro*, dans l'Etat Pontifical, événement qu'on ne peut s'empêcher de déplorer quelle qu'en soit la cause. —Mes démarches près de M. le général Lépine, commandant en chef la marine autrichienne, pour obtenir les moyens d'accélérer, par quelque voie possible, mon passage à Malte, sont infructueuses, cet officier supérieur n'ayant aucune

cune facilité pour cet objet. —Tous les officiers anglais employés sur les vaisseaux et frégates cités ci-dessus, viennent à terre pour faire visite au général Lépine — La chaleur est telle dans ces contrées pierreuses que, depuis plusieurs jours, je passe les nuits au grand air, sans qu'il soit besoin pour cela que j'aie aucune espèce d'abri, de couverture, pas même le plus léger vêtement Nombre d'enfans, pendant le jour, parcourent sans chemise ni sandale les rues de Lossine ; et par le hâle dont ils sont empreints on peut aisément inferer qu'ils vont ainsi nuds une très grande partie de l'année — Plus je considère les productions de cette île (lesquelles se reduisent à des olives, du raisin, du fromage de chevre ou de brebis, etc.), plus je suis tenté de croire que les oliviers, dont le nombre est assez considerable, sont indigènes, bien qu'ils soient degénérés, rabougris par defaut de terre suffisante pour y loger commodément leurs racines ; car la façon dont ils sont placés parmi les pierres, les rochers, me fait croire qu'ils y ont été de tous temps

Le 4. Tandis que les pâtres, les gardeurs de troupeaux étaient à la messe, mon capitaine et plusieurs autres de ses confrères sont allés enlever des moutons dans la partie la plus reculée de l'île , et les ont ensuite ramenés chacun à leur bord respectif. La part de prise de mon forban-capitaine, bon garçon d'ailleurs , se compose d'un belier et de trois brebis noires. Pauvres bêtes ! pauvres hommes sont ceux qui ont été les derober! Enfin, pauvres pasteurs, qui furent assez benins pour croire que, durant leur pieuse démarche, l'ange du Seigneur veillerait sur leurs troupeaux! Ils se sont bien trompés ; car ce sont des diables qui y ont porté leurs pas , mais sur-tout leurs mains — Je ne saurais trop me louer des attentions réitérées de mon capitaine, ainsi que de celles de tous ses confrères chez lesquels il me présente journellement; mais celui de tous dont j'ai le plus à me féliciter, c'est de M. Leopold Lupis de Fiume, capitaine-propriétaire du navire le *Furioso*. — Mon capitaine pousse la politesse au point de chercher à me faire croire qu'il n'a été voler des moutons que pour me rendre la vie plus agréable : quel subterfuge pour excuser son larcin!

On mange à bord des navires de ces contrées une sorte de mets appelé *marinade*, que je trouve fort bon. Ce sont de petits poissons de mer, frits à l'huile d'olive (on n'en emploie point d'autre pour toutes les préparations de cuisine) mis ensuite dans une espèce de sauce composée de vinaigre, huile, poivre, sel, oignons et ail. Ces poissons, ainsi disposés à l'avance, comme on le fait des cornichons, se conservent au-delà de 30 à 40 jours de temps, ce qui fait qu'à toutes les heures du jour on a un plat de prêt pour les arrivans.

Il est une heure après-midi. Les vaisseaux et les frégates de S M. Britannique, qui sont en ce moment à l'ancre hors de la rade, font de fortes décharges d'artillerie, pour célébrer, dit-on, l'anniversaire de la naissance du digne et vertueux souverain de la Grande-Bretagne. Il est à croire que ces salves n'ont lieu qu'au moment des santés portées à la prospérité de ce vénérable Monarque, le vétéran de tous les autres, Monarque aussi grand d'âge que par les services qu'il cherche depuis si long-tems à rendre à l'Europe opprimée, avilie par les soins d'un monstre étranger au peuple qu'il gouverne si arrogamment. Tous les bâtimens de guerre de S. M. l'Empereur d'Autriche, à bord de l'un desquels M. le Général Chevalier de Lépine est allé dîner, répondent avec enthousiasme à ces décharges d'artillerie;

ce qui prouve l'union étroite et nécessaire qui règne entre les cabinets anglais et autrichien. De plus, tous les navires de la rade intérieure et extérieure , richement pavoisés de couleurs nationales, mêlées à la plus belle journée du monde , produisent un effet vraiment merveilleux.

Le 5. Les vaisseaux de guerre et les frégates anglaises qui étaient hier hors la rade ont remis à la voile cette nuit — Des lettres particulières annoncent que l'armée française a tout récemment essuyé un dur échec dans les environs de Vienne. Cela est d'autant plus probable que l'armée autrichienne, assez considérable encore, est animée du meilleur esprit En effet, en peut-il être autrement quand l'on combat pour le salut de la patrie si injustement attaquée et pour la plus sainte de toutes les causes ? Car c'est pour l'interêt de tous qu'elle a les armes à la main. Il ne serait donc pas étonnant de lui voir faire de puissans efforts et même des prodiges de valeur pour éviter le joug honteux sous lequel on veut la courber ainsi que le reste de l'Empire. Néanmoins, il faut, je crois, attendre la fin de la campagne pour pouvoir parler avec certitude des resultats de cette lutte meurtrière, si déplorable pour l'humanité en général : car on ne peut sans gémir songer à ces boucheries de nos semblables, sur-tout quand on se demande pour qui elles ont lieu. Pour qui! Qui doute que ce ne soit pour repaître , pour abreuver un monstre insatiable de sang et de crimes, pour assouvir la soif dévorante d'une hydre d'autant plus vorace qu'elle porte plusieurs têtes , mais dont une seule fera , j'espère , raison de toutes ! — Depuis ce matin, quantité de navires venant de divers lieux , continuent à entrer et à se placer dans la rade, rade pouvant contenir à l'aise 500 vaisseaux. Au moment où j'écris, une soixantaine de navires de différentes grandeurs, chargés de troupes, de munitions, artillerie, etc., et ayant en outre le général Lépine, à bord, font voile pour retourner, dit-on, à Fiume, Segna, Porto-Ré et autres lieux : cela est d'un heureux augure.

Le 6. Beaucoup d'autres bâtimens sont encore partis cette nuit. Quand sera-ce donc notre tour ? car je suis abattu par la douleur d'impatience que j'éprouve — Deux poissons pris à la ligne par notre cuisinier, sont tellement singuliers par leur structure et si variés dans leurs couleurs, que je les regarde, et comme uniques dans leur genre, et comme inesquissables, ce qui fait que je n'en dirai pas davantage Eh ! combien d'autres êtres ou agens ne sont point dans les abîmes de la mer sans qu'on les ait jamais vus, aperçus, observés ! Cependant, de fades naturalistes passent leur vie, souvent sans sortir de leur cabinet, pour nous créer des *systêmes de la nature*, tandis que les 99 centièmes des moyens propres à ce sujet, sont aussi bien refusés à notre espèce qu'à toutes les autres : car pour bien analyser et expliquer la nature, toute divine par elle-même, il faudrait à soi les facultés entières de tout ce qui compose l'Univers, et encore cela ne suffirait pas. Eh ! que faisons-nous quand nous nous occupons de cette matière ? Nous conjecturons, nous divaguons, nous déraisonnons. Or, conjecture pour conjecture, systême pour systême, j'aime beaucoup mieux les miens propres que ceux des autres, quelque spirituels, captieux ou bien écrits qu'ils soient. —Un pêcheur vient de nous livrer, à raison d'un sou la pièce, d'énormes écrevisses de mer appelées *chancres* par les uns, et *tourtaux* par les autres.

Le 7. Le bêlement de plusieurs agneaux, qu'à mon lever j'entends partir de l'entre-pont, annonce une nouvelle *capture* faite la nuit passée. Il faut convenir que la présence de notre flotte dans ces parages-ci, est aussi funeste aux habitans, aux bergeries, que le serait celle de l'ennemi. Quels dégâts ! quelle désolation cause cependant l'insubordination , mais surtout l'improbité qui s'en suit ! Il faut en gémir et se taire ; car l'on ricane et tourne même en ridicule ceux qui s'apitoient sur de semblables exactions — D'après ce que je viens d'apprendre, parmi les *parts de prise* de mon capitaine, se trouvent deux pauvres brebis laitières auxquelles, par condescendance pour moi , dit on , on laissera la vie, afin que leur lait puisse servir , durant la traversée, à me procurer du café au lait. Que ne puis-je à ce prix (bien que le café m'agite et me nuise) leur conserver la vie par delà notre voyage ! je le ferais de bon cœur.

Le 8. La pêche à la ligne, à laquelle s'adonnent depuis quelques jours mon capitaine et ses matelots , leur réussit parfaitement. Aussi ne vivons nous , pour ainsi dire , que du produit de ce genre d'occupation. — Je ne crois pas avoir jamais autant dormi, bu , ni mangé que je le fais depuis que je suis à la mer : l'air salin qu'on y respire y contribue peut être beaucoup aussi. — Encore que le tems soit affreux aujourd'hui , cependant voudrais-je bien que nous en usassions pour partir de ce lieu, lieu que je déteste par cela seul que je n'y ai aucune affaire , tandis que je pourrais si puissamment servir la cause générale, si j'étais à tems rendu à ma destination. — D'après ce que je vois , celui qui embrasse la profession de mousse à bord des navires a fort à faire , et doit, pour cette raison , avoir de grandes inclinations pour

le travail; car, sans cela, il est impossible qu'il
satisfasse à tout ce qu'on exige de lui. Depuis
le matin jusqu'au soir il faut qu'il ait l'œil à
tout; qu'il obéisse à tout chacun; qu'il mette
la main à tout. Le capitaine, l'écrivain, les
passagers, le maître d'équipage, le cuisinier et
les matelots, sont sans cesse à lui commander,
à lui ordonner de faire, d'exécuter de nouvelles
choses; de façon que pour remplir le but de
son état, il faut qu'il sache tout faire, puisqu'on
prétend tout de lui.

Le 9. Je crois, en vérité, que nous sommes
destinés à pourrir ici. Nous sommes toujours
sans nouvelles positives sur l'époque de notre
départ. Cependant nos provisions se consom-
ment journellement, et il est impossible de
pouvoir les renouveler dans ce pays-ci : or, si
nous n'en partons bientôt, il faudra, je crois,
faute d'autre nourriture, que nous mangions
les rats (dont nous avons un effroyable nombre), ou que les rats nous mangent. — Lassés
de la pêche à la ligne, mon capitaine et ses
gens sont allés à la recherche de coquillages
dont ils ont rapporté une ample provision;
soit cuits, soit cruds, ils sont délicieux. —
Les heures de repas, sur les navires de ces
contrées-ci, sont fixées à 7 heures du matin,
à midi et 8 heures du soir. — Contre l'ordinaire il règne depuis 36 heures, dans ces parages, un vent si vif, si pénétrant, si aigu, que
j'ai été obligé de reprendre des vêtemens d'hiver.

Le 10. Il est surprenant qu'à 4 heures et
demie du matin, dans un lieu tel que l'est
celui-ci, situé par le 44.eme dégré 48 à 50 minutes de latitude nord, le jour ait de la peine
à se manifester à l'époque où nous sommes
aujourd'hui, 10 juin. A la vérité, plus on
s'approche des tropiques, lorsqu'on en est de-

hors , plus la régularité des jours et des nuits
s'établit, et plus l'étendue de ces jours, de ces nuits
devient uniforme : la raison en est toute simple,
c'est que le globe dans son centre, dans son
milieu , est d'un diamètre régulier, tandis que
vers les extrémités , même à partir dejà des
points *tropiquaux*, il décline et diminue d'epais-
seur depuis là jusqu'aux pôles, ce qui fait que
quand le soleil éclaire , visite, explore les parties situées vers le tropique du cancer par
exemple, ses rayons glissant alors sur tout ce
qui se trouve hors ce tropique (1), restent plus
longtems sur cet horison étroit, ce qui fait qu'en
ce tems la longueur des jours est en rapport
avec le plus ou moins d'épaisseur ou de diamètre du globe. C'est pour cela que (2), d'un
tropique à l'autre, c'est-à-dire, dans l'étendue
de l'espace qui constitue la zone torride , on a
régulièrement, toute l'année , 12 heures de
jour et 12 heures de nuit. C'est pour la même
raison qu'à mesure qu'on s'éloigne (en juin ,
juillet et août, pour nous) de ces points , de
ces barrières *tropiquales*, pour se diriger vers
le pôle , plus ces jours et ces nuits sont iné-
gales , moins il y a de ces dernières, au point
que, passé le 65.ᵉ degré de latitude nord ,
on a, durant les trois mois d'été, un jour continu et point de nuit du tout. Pourquoi cela ?
Parce que la réflexion des feux solaires n'étant
plus ombragée soit par le corps du globe , de
ses arêtes, ou par l'aspérité qu'offre le sommet
des montagnes, etc., porte alors par-tout, sur
tout , mais particulièrement sur une partie

---

(1) D'où tout commence à diminuer de volume , de diamètre ,
ainsi que l'offre ordinairement une figure sphéroïdale , laquelle
se prolonge en mourant, d'une façon lente et proportionnée avec
l'étendue de l'objet.

(2) Le globe terrestre, au moyen de l'ombre qu'il détermine ,
en tirant par là une sorte de rideau épais sur la puissance , sur la
divergence des rayons solaires qu'il absorbe , procure la nuit.

assez considérable de voies firmamentales pour déterminer ce jour continuel de 3 mois ; et c'est par un motif opposé, contraire, que ces mêmes lieux, qui ont 90 à 100 jours de jour continu, ont également 90 à 100 jours de nuit complète, lorsqu'en décembre, janvier et février, l'astre dont nous parlons est allé visiter l'autre tropique nomme capricorne (1) : Pourquoi cela ? Parcequ'alors tout le corps central du globe, espace que contourne le soleil sur un plan toujours uniforme, sur un plan régulièrement concave, étant interposé entr'eux et cet astre, il est impossible que la moindre impression de ses rayons y parvienne eu égard à sa petitesse, à son état rapproche, incliné vers la terre ; enfin eu egard au volume inoui et presqu'incommensurable du globe, bien qu'on se plaise à dire et à croire le contraire.

Le 11. De l'extrémité d'une des montagnes de l'île, lieu où l'on a le point de vue le plus interessant, je remarque dans une grande anse infréquentée, un monstre marin, d'une énorme grosseur qui, à la distance de 4 à 500 toises de la côte, se joue à l'aise sans être troublé à la surface de la mer. J'ignore à quelle espèce il peut appartenir ; car la vélocité avec laquelle il s'élance et rentre dans l'eau, ne me permet point de l'observer comme il faut. Quoi qu'il en soit, à son ampleur je distingue très bien qu'il doit être du poids de quelques quintaux. — Il est à remarquer qu'à la mer tous les métaux, l'or seul excepté, s'ils ne sont bien enfermés, s'oxident plus ou moins. C'est sans doute à l'air alkalin qui règne qu'il faut attribuer cette défectuosité — On répand encore la nouvelle que différens corps de l'armée autrichienne sont rentrés dans des posi-

---

(1) D'où il revient cependant vers nous, à partir déjà du 22 décembre.

(25)

tions qu'ils avaient abandonnés quelques semaines auparavant. Cela confirmerait la bonté de leurs opérations : tant mieux ! Car c'est la monstruosité du vice, du crime et du brigandage, qui est aux prises avec l'équité, l'innocence, la probité, la vertu. — Je viens encore d'observer une sorte de papillon aux aîles noires, tigrées, parsemées d'un jaune doré et d'un rouge si vif que je le crois inimitable. Je n'ai jamais eu l'occasion de remarquer cet insecte dans aucun cabinet d'histoire naturelle. — Une araignée assez grosse, portant en tête deux tenailles qu'elle agite perpetuellement, ayant le train de derrière d'un rouge brique et traversé par une raie blanchâtre, me paraît être très-digne de l'attention de celui qui fait son occupation favorite de ces riens, lorsqu'ils sont entre ses mains, et lesquels ne laissent cependant point d'être beaucoup lorsqu'ils sont là où la nature s'est plu à les placer. — Le vin qu'on recueille dans ces contrées ci est d'un rouge foncé, liquoreux et capiteux. La mesure ou le bocal contenant la valeur de deux bouteilles ne valait à l'époque de notre arrivée que 10 kreutzer en papier, ce qui, eu égard à la dépréciation de cet argent fictif, faisait à-peu-près 3 sous et demi de France. — Encore d'autres lézards que je trouve sur la montagne ; mais ils diffèrent de ceux dont j'ai dejà parlé par une raie couleur pistache-clair qu'ils ont sous le ventre depuis la machoire inférieure jusqu'à l'extrémité de la queue. Ils sont d'ailleurs très-effilés, prompts, vifs et déliés en consequence. Je remarque qu'ils accourent et se présentent d'une façon assez familière, lorsqu'au moyen des lèvres à demi-fermées on contrefait la voix des petits oiseaux. — Les rats d'une très-grosse espèce ne manquent point ici non plus : il est à croire qu'ils ne s'alimentent que de débris des corps marins ; car ils ne quittent point le rivage de la mer.

Le 12. J'ai oublié jusqu'à cet instant de dire que c'est l'usage, dans presque tous les ports de mer, d'annoncer par un coup de canon, tiré à 4 heures du matin et à 8 heures du soir, l'ouverture et la fermeture des eaux, des travaux, des communications, etc. Néanmoins cette espèce de règle de police ne paraît être aucunement observée ici : car l'on fréquente les eaux, les anses, ports, rades, bassins, etc., à toutes les heures du jour et de la nuit. C'est à la lueur de la lampe qui brûle toute la nuit vis à-vis de l'image de S. Antoine, patron de notre vaisseau, que j'ai commencé l'article de ce jour. J'ai aussi omis de dire qu'à 6 heures du matin, à midi et à 7 heures du soir, *l'angelus* se sonne sur tous les navires de ces contrées et qu'elle est suivie d'une prière générale récitée à haute voix. D'ordinaire, les marins des pays méridionaux de l'Europe, sont assez religieux, quoique frippons et débauchés d'ailleurs. — Nous avons eu hier au soleil couchant, un spectacle, un tableau vraiment digne d'attention ; c'était un orage sec, ou pour mieux dire, un orage sans pluie, lequel mélangé de mille nuages de formes, de figures, d'aspects, de couleurs différentes et entremêlés en outre de beaucoup d'éclairs et de détonnations fréquentes, produisait le plus imposant, le plus majestueux comme le plus merveilleux effet. Mais ce qui venait ajouter très-fructueusement à cette splendide richesse d'effets, déjà si pompeuse par elle-même, c'était l'astre du jour, qui, se plongeant alors derrière l'horison, lançait sur ce tableau si beau, si inexplicable, des rayons de feux dorés, rayons qui, combinés avec les couleurs

diverses dont ces nuages étaient empreints, les
teignaient soit en pourpre, soit en lilas, en rosée
et autres nuances non moins vives que douces,
tendres et agréables à l'œil, à l'esprit, au
cœur bien organisé : car dans ces momens
ravissans, enchanteurs, en nous tout est yeux,
tout jouit, tout y prend part J'ai cent fois eté
aux plus beaux spectacles établis dans nos
capitales, me suis-je dit, et pourtant, quoique j'y eusse assez chèrement payé mon entrée,
j'ai eté très-peu satisfait ; tandis qu'ici, je n'ai
payé que d'attention et j'ai eté au comble de
l'enthousiasme, du ravissement, de l'admiration:
pourquoi cela ? Parceque le jugement se for-
mant chaque jour, acquiert à la longue un
certain tact ou dégré d'experience qui nous fait
apercevoir tôt ou tard le vide, la misère de
toutes les farces mises en action parmi la société,
à l'effet d'y mettre plus aisément les dupes, les
crédules, les oisifs à contribution. D'ailleurs,
quand il s'agit de sujets semblables, et qu'on
veut les comparer aux œuvres des humains,
autant vaudrait-il opposer la nuit au jour, ou
l'art à la nature, bien que les effets dont je
viens de parler ne soient point naturels, rigou-
reusement parlant, mais seulement accidentels.

Le 13. Un coup de vent terrible qui, heureusement, n'a eu aucune suite fâcheuse, vient de
nous réveiller en sursaut. — Encore que pour
la vingtième fois les bruits de départ se renou-
vellent, je suis devenu tellement incrédule à
cet égard que je n'y croirai que quand nous
serons en route. Néanmoins je vais faire une
démarche dans l'île près de M le Commandant
en second l'artillerie et la marine autrichiennes
restées ici, pour tâcher d'obtenir un passage
particulier s'il veut s'obstiner à retenir la flotte:
car mon dépit est tel, que si je n'écoutais que

mon zèle, mon impatience et mon audace (persuadé, comme je le suis, qu'il n'y a aucun danger, aucun obstacle à rencontrer en chemin), je me saisirais de notre chaloupe, de ses agrès, et au moyen de quelques vivres et de ma boussole de poche, je me dirigerais d'ici sur Malte, ou tout au moins sur la Sicile. Mais il faut que je me modère et que je dévore mon chagrin dans le silence ; car une pareille témérité ou entreprise de ma part pourrait être mal vue, mal interprêtée. Néanmoins on ne peut disconvenir qu'il faut être bien poussé à bout pour concevoir un tel projet, et être presque sur le point de le mettre à exécution. A la vérité, avec des gens indécis, craintifs, qui ne savent que perdre, que massacrer le tems le plus précieux, il faudrait, sans aucun risque, pouvoir prendre un parti de ce genre afin de leur démontrer par-là qu'il existe encore des hommes qui, contre l'ineptie, la malveillance ou la mauvaise volonté, savent servir la chose publique. — M. le général *Connick*, commandant dont j'ai parlé ci-dessus, vient de m'assurer, de la façon la plus positive, que notre convoi mettra demain à la voile. Il est douloureux d'avoir encore à douter sur la parole d'un homme de son rang ! 36 à 40 capitaines de navires, dont Malte est la destination, viennent de nouveau présenter requête à ce même officier pour obtenir de lui la permission de sortir de la rade et entreprendre leur voyage, même sans escorte. Ils ont reçu la même assurance que celle qui m'a été donnée : nous verrons quelle en sera l'issue. — Nos vivres, comme ceux de tous les autres bâtimens, s'avancent, et par surcroît de désagrément, c'est que notre provision d'eau n'est pas seulement puante, mais c'est qu'en outre elle contient nombre de petits insectes rouges dont plusieurs ressemblent à la puce, et nous n'avons absolument rien pour la passer.

Le 14. Non-seulement nous n'avons point reçu la permission de partir, ainsi qu'elle nous avait été promise , mais c'est qu'en outre l'ordre donné précedemment aux batteries et aux navires garde port de tirer à boulet sur ceux des navires qui tenteraient de s'echapper de la rade , a, dit-on, été expressement renouvelé ce matin. Que signifie cela? Que veuillent dire tous ces entortillages, ces promesses, ces.... riens? J'y perds mon latin, et puis, avec d'autant moins de facilité y comprendre quelque chose, que la direction de toute l'administration est confiee aux mêmes mains, celles de ce général commandant en chef depuis le départ de M. le général chevalier de Lepine.

Le 15. Il est surprenant que les personnes qui, dans les villes, sont amateurs de viande salée, n'y joignent pas aussi de bon bœuf, car celui que nous mangeons à notre bord ressemble à de délicieux jambon. La préparation n'en est pas difficile, c'est tout uniment de la viande bien saignée, mise l'espace d'un mois dans une saumure en laquelle on insère des herbes aromatiques Après quoi cette viande se fait sécher au soleil ou à la cheminée. La soupe qu'on en obtient est loin d'être mauvaise, et la viande est aussi bonne mangée chaude que froide ; mais c'est sur-tout en salade qu'elle est le plus alléchante. — Une partie de l'approvisionnement des bâtimens slavons, c'est l'ail, la ciboule, l'oignon , etc. — Les cerises que la terre ferme et les îles voisines envoient ici , ne sont pas aussi bonnes qu'on pourrait le croire, dans un pays où la température est très-chaude : cela dépend peut-être du terroir. On mange déjà des amandes ; mais les melons, les prunes, les abricots, les poires, les pommes et le raisin , qu'on dit être si hâtifs dans ces contrés-ci, ne sont pas encore mûrs.

Le 16. Je viens de prier M. le commandant de me délivrer (ce qu'il a fait au dos de mon passe-port) un certificat attestant le retard inoui que j'ai si fatalement essuyé ici : car il ne serait jamais croyable, au lieu où je me rends, qu'il n'y eût quelque chose de ma faute, tant le délai entre l'heure de mon départ et celle de mon arrivée future sera long. Que les administrateurs qui n'ont point de parole sont de tristes hommes à mes yeux ! Il conviendrait beaucoup mieux qu'ils n'en donnassent point plutôt que d'y manquer : car cela ne décèle que faiblesse , qu'incertitude quand cela ne prouve point de mauvaise foi. Il est cependant des gens en place , et dans des places éminentes, qui se font un jeu de tromper, de leurrer ainsi les gens. Qu'ils connaissent mal leurs intérêts et le cœur humain ! car, à coup sûr , ils en agiraient différemment. Des magistrats et autres fonctionnaires publics qui se conduisent ainsi , ne peuvent manquer , plutôt que tard, de perdre l'estime, la confiance et la considération de leurs administrés , et de se faire, à juste titre , blâmer et tourner en ridicule. — J'ai, ce matin et les jours précédens, recueilli des productions marines , entr'autres beaucoup de jolis petits coquillages. Je les porterai aussi loin qu'il me sera possible pour en faire cadeau à tel amateur qui désirera les prendre. — D'après ce que je viens de voir et d'apprendre, il paraît que la propriété, en cette île, s'acquiert à peu de frais : car, dès qu'un particulier a trouvé un espace de terrain non-occupé, qui lui convient (ceux à proximité des villes deviennent

rares) , il se borne pour en faire l'acquisition ;
(au moyen des pierres dont l'île est amoncelée),
de dresser une espèce d'enclos autour du lieu
qu'il a choisi , et dès-lors tout est fini ; il est
devenu propriétaire. Il n'y a aucune vigne,
aucun jardin , verger ou toute autre partie de
l'île susceptible de quelque rapport, qui ne soit
ainsi entourée par des pierres sèches, sans mor-
tier ni ciment, superposées les unes sur les autres, ce qui fait que , vu du haut en bas des
montagnes, vallées ou vallons , cela fait un
assez drôle d'effet ; car ce ne sont, jusqu'à la
distance d'aumoins une demi-lieue, que des
quadrilles, que des enclos d'éclats de rochers ,
pierres plates et volcaniques, lesquels enclos
ont régulièrement de 5 à 6 pieds de hauteur,
sur à-peu-près 2 d'épaisseur. —L'arrivée subite
de quelques bâtimens de guerre anglais nous
donnent enfin l'assurance positive de recevoir
une escorte et de partir demain.

Le 17. Que le ciel soit à jamais loué et béni !
Nous remettons enfin à la voile au nombre de
45 navires de toute grandeur, sous la conduite
du brick de guerre anglais *l'Imogene*, et par
le plus beau tems du monde. Ma joie est telle
qu'il me semble que, de bon cœur, j'embrasserais
volontiers tout ce qui compose notre équipage.
— Les vaisseaux anglais arrivés hier soir et
repartis dans la nuit vont, dit-on, dans les parages d'Ancône pour y châtier quelques corsaires.
Il aurait bien mieux valu qu'ils interceptassent,
ces jours passés, les différens bâtimens chargés
de prisonniers et d'ôtages autrichiens que les
français, maîtres de Trieste, ont de cette place
expédiés sur Venise ? Il y avait de si braves-gens
parmi eux qu'une capture pareille est vraiment
à regretter. A la vérité on ne peut être par-tout
à la fois, bien qu'on doive tout faire dans de

telles circonstances pour se trouver dans les lieux les plus importans à soigner. Néanmoins quelques heures plutôt, ainsi que cela nous a été rapporte ce matin, ce convoi eût été entièrement enlevé : car la flotte anglaise arriva encore assez à tems pour échanger des boulets avec les derniers navires qui entraient déjà dans les eaux de Venise, au point d'avoir eu un officier de tué et un autre de blessé sans connaître pour cela le mal qu'elle a pu faire à ses adversaires. Il est inconcevable que cette mer ci, battue et rebattue tant de fois pour des riens, par les mêmes vaisseaux aient échappé cette expédition de prisonniers, mais principalement d'ôtages si respectables que sont ceux qui nous ont été désignés ! N'est-il pas des occasions où il convient, où il faut même savoir dépenser l'argent à propos pour être bien servi ? ? — Le proverbe dit que, *le besoin est un grand maître;* mais moi je dis que c'est la privation; or c'est ce qui m'a suggere l'idée, faute d'aliment pour ma pipe, de substituer au tabac qui me manque, du café cru, des ecorces d'oranges et de citrons séchées et ecrasées : je m'en suis assez bien trouvé. *Avis aux fumeurs qui manquent de tabac, sans manquer pourtant de ce qu'il faut à-peu-près pour le remplacer.* — J'étais venu jusqu'à ce jour sans me douter que les marins fussent plus ou moins glorieux en raison de la force de leur navire, et que cela fût, chez eux, matière à raillerie, un sujet de morgue presque continuel : c'est ce que je viens de remarquer par la critique, par les plaisanteries amères vomies tant par nos matelots que par ceux de deux autres bâtimens qui, comme le nôtre, attendaient que toute la flotte fût, et sortie de la rade, et comptée par le capitaine du brick de guerre qui nous escorte,

et

et enfin qu'un coup de canon parti de son bord soit le signal définitif du départ ; car il est bon de dire , qu'encore que nous ayons mis à la voile à cinq heures du matin et franchi l'embouchure de la rade , cependant est-il vrai qu'il est midi , et que tous les navires sortis, rangés sur une ligne circulaire , pour être plus facilement comptés et recevoir les signaux de convention , ne sont encore qu'au nombre de trente-neuf. — Il est une heure ; les vaisseaux qui nous manquaient étant arrivés, et le signal d'ébranlement général étant donné , nous faisons route dans une direction sud-ouest par un vent très-frais , très-commode. — Nous signalons à l'ouest deux frégates anglaises. — Le passage subit du chaud à un froid très-vif déterminé par un vent d'est , m'avait, ces jours derniers , causé un agacement de poitrine et une toux aigüe faite pour m'inquiéter ; mais par le moyen d'une diète rigoureuse et de quelques gros de gomme arabique pulvérisée , mêlée avec de l'eau et de la cassonade , je suis parvenu à me tirer d'affaire en deux fois 24 heures. — J'ai remarqué , en diverses circonstances , que les marins et les habitans des pays sud préféraient au sucre le mieux raffiné l'usage de la belle cassonade. En effet, moins le sucre est travaillé , plus il contient de vertus végétales , et plus il doit être bienfaisant : je ne sais cependant si c'est-là la raison qui les engage à donner la préférence à la cassonade. — Quoique je sois très-indifférent sur tout ce qui constitue les arts et en dérive , cependant ne puis-je m'empêcher de dire qu'un convoi de navires à la voile , par les variétés qu'ils déterminent , soit par leur coupe, soit par leur gréement, soit enfin par leur marche , offrent un tableau

C

singulièrement récréatif, par cela seul qu'il dissipe, qu'il charme la monotonie d'une sorte de désert dans lequel on est exposé, lorsque, comme nous, on se trouve sous un ciel pur, sans aucun nuage, et sur une nappe d'eau pleine, unie comme l'est une glace, bien qu'une jolie petite brise nous seconde dans notre course. On ne peut se figurer combien sont diversement multipliés les corps marins qui s'attachent aux ancres et aux cables qui les fixent, lorsqu'ils ont quelque tems séjourné dans la mer ! J'en ai ce matin remarqué de toutes les formes et figures. — C'est beaucoup moins, à ce qu'il paraît, l'éloignement des côtes qui les fait perdre de vue, que l'air accumulé entr'elles et nous, lorsque ce résultat n'est point dû à la convexité du globe. — La quantité extraordinaire de terres glaise et végétale qui s'attachent aux ancres et qu'on y remarque lorsqu'elles sont levées, prouve bien (sur-tout dans un pays qui en est lui-même dépourvu à son extérieur), que le bassin actuel des mers est le réceptacle de la majeure partie des terres vierges qui s'y sont écoulées lors du brisement superficiel du globe, ou bien depuis, par l'effet des lavages occasionnés par les pluies, ou enfin par le chariement continuel des ruisseaux, des rivières, des fleuves, etc., lesquels tendent à miner sans cesse les parties les plus molles, les plus divisibles des lieux où ils se sont frayé un passage. Voilà pourquoi une partie des mers n'offrent plus à leur fond qu'une vase épaisse, grisâtre, noirâtre et semblable en tout (au desséchement près) à celle qui constitue les alluvions sur lesquelles on cultive de nos jours, et même de tems immémorial : l'événement qui détermina la catastrophe, l'éruption presque générale du globe , remontant à une multitude de siècles.

Le 18. Si nous usions de tout le vent qui règne maintenant , et qu'il eût de la continuité , nous arriverions aisément à Malte dans huit jours d'ici ; mais lorsqu'on voyage en convoi , il y a toujours des traînards , de mauvais voiliers ou marcheurs qu'il faut attendre , ce qui fait perdre beaucoup de tems : c'est ce que nous éprouvons déjà. D'après ce que j'ai vu , je conseille à tous passagers qui voyagent par mer , de se bien maintenir dans l'esprit de tout le monde de l'équipage , mais notamment dans celui du capitaine , dussent-ils pour cela faire des sacrifices ; car , sans cette précaution , on leur rendra la vie dure durant la traversée , la majeure partie des marins ne se composant que d'hommes brusques , grossiers , impérieux , ignorans, intempérans. Mais mes manières liantes et autant humaines et généreuses qu'il est possible de le pratiquer , jointes aux recommandations particulières des premières autorités autrichiennes , ensuite de celles du Gouvernement ; de celles de la respectable maison *Adamitch* de Fiume ; du général *Lépine* , du conseiller *Suzani* , de messieurs les présidens de police , baron de *Sardaigne* et *Justini;* enfin de celles de M. *Leard,* consul d'Angleterre , ci - devant à Raguse et autres places , m'épargnent et m'épargneront, j'espère , de tels désagrémens : j'en ai déjà obtenu les plus fortes assurances par la conduite très - polie à mon égard , par maintes prévenances de la part du capitaine et de ses gens. — Je continue toujours à beaucoup boire, manger , dormir , et à éprouver des pesanteurs extraordinaires, au point d'être par fois engourdi de la tête aux pieds et de voir par-là le cours de mes esprits suspendu. — Nous rangeons à l'ouest les côtes d'Ancone, vis-à-vis desquelles nous distinguons une croisière ou division anglaise de bâtimens de guerre. — A l'est, nous ne perdons point encore de vue les côtes, ou pour mieux dire les îles dont le pays Dalmatique est hérissé. — Nous éprouvons toujours la plus agréable fraîcheur à l'abri de nos voiles.

L'horison qu'offre la surface de la mer ne paraît pas exactement nivelé. Il y a des endroits qui semblent offrir des cavités ou des élévations sensibles, même lorsque le tems est le plus calme. — Depuis midi, un vent nommé *siroco* nous tourmente violemment et nous force de naviguer penchés, un bordage presque dans l'eau. — Encore que tout le convoi soit en vue, cependant les vaisseaux qui le composent sont tous dispersés. — La simplicité et pourtant la grande utilité du cabestan, ainsi que de la pompe à main dont on se sert à bord des navires, devraient aussi en faire adopter l'usage à terre, et généralement par-tout où ils pourraient rendre service en économisant la bourse et les bras. — La veille de notre départ de la rade de Lossine, un capitaine, en se retirant de notre bord chez lui, nous enleva, le plus adroitement du monde, un jambon fumé que nous conservions pour le manger cru, ainsi que cela est d'usage pour presque tous les objets qui sont en cet état. Le même soir notre capitaine s'étant aperçu de la disparition du jambon, commanda à son cuisinier, homme intrépide aussi pour les larcins faits avec adresse, d'aller lui chercher, sans être vu ni entendu, sur le bord de son confrère coupable, un bel agneau qu'on y engraissait depuis l'époque où ils furent en commun les voler aux bergers de l'île de Cherso : la mission fut remplie avec une dextérité dont se fût honoré un *Lacédémonien*. Le pauvre agneau, si beau, si familier, vient d'être égorgé; la seule chose que j'aie pu obtenir, c'est que le capitaine à qui il fut dérobé, et près duquel nous naviguons (sans qu'on se fasse aucun reproche de part ni d'autre) sera invité à venir en manger un morceau, bien qu'il n'ait pas eu la politesse d'en faire autant à notre égard touchant le jambon. Un bon moyen pour vivre en paix avec les gens dont on ne peut se séparer, c'est de feindre d'être familier avec leurs usages, leurs habitudes.

Un coup de canon tiré du brick de guerre et un signal donné par lui, annoncent à la flotte dispersée de se réunir. Le *siroco* est dégénéré en une espèce de tempête, au point qu'il n'est plus possible de se tenir debout nulle part. Les vagues brisent avec une furie épouvantable, en nous portant malgré nous vers les îles Dalmatiques, ce qui a dérobé à notre vue les côtes, dans ces parages, de l'État de l'Eglise. — Quelles hautes montagnes de pierres divisées l'on distingue à l'est, et quelle quantité de neige domine leur cime ! Quelle aridité sur toutes ces rives, et comme tout offre l'empreinte des plus grands déchiremens, des plus grandes catastrophes ! Cela fait horreur, bien pourtant que toutes ces formes bizarres occupent, intéressent et portent à la méditation sur les causes et sur les calamités inouies qui durent être la suite d'un si terrible événement. — Le tems devient encore plus mauvais; et cependant les matelots, souvent poltrons d'ailleurs, sont si familiers avec leur profession, qu'ils ne paraissent pas concevoir la plus mince inquiétude de cet état de choses; ce que c'est néanmoins que l'habitude en tout! elle tient presque lieu d'un second être. — Encore un coup de canon et un signal de réunion. Tous les navires sont à manœuvrer, ce qui ne se fait pas facilement par un si gros tems, par une mer si grosse. — Je conseille aux amateurs d'escarpolette, de balançoire, de voyager par mer : ils trouveront souvent l'occasion de se satisfaire, et même de se rassasier de ce genre d'agrement. — Encore un autre coup de canon Le brick vient de s'approcher de la côte, lieu où, dit-on, s'était montrée une voile suspecte ; mais elle s'est cachée sur-le-champ, ce qui n'est point difficile dans des eaux entrecoupées de mille rochers divers. Tel un loup affamé, pensant surprendre quelques pièces d'un troupeau, rentre cependant à regret dans la forêt, confus et humilié, y étant contraint par la vigilance du berger. — Il est 7 heures 11 minutes : le soleil se couche, et comme le tems est toujours le même, il est à croire que, durant la nuit, des navires éprouveront des avaries. — Ces pauvres matelots sont vraiment à plaindre d'être ainsi exposés sur les vergues et de toutes parts !!! Sans l'habitude, la privation, la cupidité, etc., lesquelles font tout entreprendre, il semblerait qu'un tel métier ne dût être réservé qu'aux derniers criminels. — Nous apercevons déjà sur nos derrières deux bâtimens qui ont perdu une partie de leurs agrès, et qui paraissent être remorqués par deux autres. — Le mauvais tems redouble ; on cloue, on attache tous les meubles et nos pompes jouent sans discontinuer ; car nous faisons beaucoup d'eau.

Le 19. L'apparition du jour diminue un peu l'horreur de notre situation ; mais durant la nuit, quelles angoisses n'avons-nous pas éprouvées, au point que tout notre monde rendu, ne saurait en ce moment se bouger ! Durant l'obscurité le canon du brick s'est fait entendre à diverses reprises, sans doute pour indiquer au convoi dispersé, quel était le point de direction. — Hier nous nous trouvions au centre de la flotte, maintenant nous voilà en tête, je ne sais par quel effet : car je ne croyais point que nous pussions dépasser les autres. — Le mauvais tems règne toujours, au point que j'ai, durant la nuit et ce matin, mis mes habits en lambeaux, outre que je me suis meurtri, écorché les bras, la tête et les jambes dans mes allées et venues depuis 24 heures, et à l'heure qu'il est, il faut également que je me cramponne et que j'use de soins pour n'être pas renversé à chaque minute. — Les vagues se sont tellement élevées depuis une demi-heure, qu'elles entrent par les croisées de notre chambre et passent par-dessus le pont : — Un peu moins de violence dans la façon dont nous sommes accueillis, par un vent presque contraire, nous donne la possibilité de remarquer qu'il ne nous manque que 4 vaisseaux, bien que nous soyons tous éloignés les uns des autres. — Quoique le tems soit toujours mauvais, cependant ne voit-on de toutes parts que des équipages occupés avec le plus grand zèle à réparer les avaries qu'ont cette nuit essuyées leurs navires. — Au moyen d'une sorte de *halte !* le brick conducteur, brick qui entend très-bien les devoirs, les obligations qu'il a à remplir vis-à-vis de nous, parvient à réunir presque tout le convoi : car à deux petits bâtimens, portant pavillon de Jérusalem, près, je crois que nous sommes au complet. Comme nous ne les avons plus revus depuis hier, il est à croire qu'ils ont péri corps et bien, ou qu'ils ont été se briser à la côte : car ils étaient trop bas de bords pour pouvoir soutenir la mer et le tems qu'il a fait hier, cette nuit et ce matin — Quand je considère ce petit brick seulement armé de 20 canons, suffisant néanmoins pour contenir dans leurs repaires ces brigands appelés *corsaires*, corsaires si vantés pourtant dans les gazettes mensongères de l'usurpateur, tant en France qu'à l'étranger où il a des pensionnaires folliculaires, je ne puis m'empêcher d'admirer la conduite téméraire de ceux qui, montant un tel navire, viennent à 12 ou 1500 lieues de chez · eux faire la loi à des forbans, et de mépriser ceux qui, n'ayant pour eux qu'une lâche jactance, vantent continuellement dans leurs papiers publics, leurs prétendues prouesses maritimes, bien que la vérité est, qu'ils sont, ainsi que de timides renards, tapis dans des coins, dans des lieux inaccessibles aux recherches de leurs adversaires. Charlatans, intrigans-imposteurs ! si vous ne savez point vous battre sur mer, apprenez au moins à être justes, vrais, et ne soyez pas effrontés au point de continuellement chanter aux oreilles des sots et des dupes, de prétendues victoires qui, n'étant que dans vos journaux, vous couvrent d'ignominie aux yeux de ceux de ceux qui savent apprécier votre infernale tactique. — Encore que les nuages ne soient que des produits accidentels, cependant offrent-ils par fois, mais sur-tout dans les lieux où l'on ne voit que ciel et eau, des tableaux vraiment admirables : c'est l'état actuel de la voûte céleste, lieu où semble néanmoins se préparer un ouragan. — Nos pompes vont toujours leur train ; mais je ne sais si nos matelots pourront long-tems suffire à un travail si pénible. Comment n'imagine-t-on point des pompes qui, au moyen d'un balancier et d'un méchanisme calculé à cet effet, iraient toutes seules ? Il y a tant d'ouvriers habiles qu'un prix proposé à ce sujet en ferait ressortir les plus intéressantes solutions.

Le 20. Il y a eu hier au soir, entre 11 heures

et minuit, un mois que nous avons quitté Fiume ; nous n'en sommes guère plus avancés pour cela : car nous faisons peu de chemin par un tems si dur, si contraire. — Le brick vient encore de faire une démarche vers les îles Dalmatiques, pour y faire disparaître une ou deux voiles qui s'y étaient montrées. On ne saurait trop louer les soins obligeans et vigilans de celui qui commande ce navire ; il est perpétuellement en activité, en surveillance sur tous les points, ce qui l'honore à mes yeux, ainsi que le Gouvernement duquel il est, à n'en pas douter, renseigné à cet effet. — Notre flotte est encore dispersée une fois : nous n'en voyons pas moins pour cela 6 ou 7 de nos bâtimens qui paraissent endommagés dans leurs manœuvres. — L'abattement paraît régner sur tous les vaisseaux. — La mer reste grosse ; mais le vent devenant favorable fera cesser le mouvement de tangage qui fait perdre l'appétit, cause des maux de tête et de cœur et semble par fois vous arracher l'ame. — Après deux heures de très-bon vent, le calme nous gagne : tant pis ! Cela me fait regretter le gros tems à l'aide duquel, tout en souffrant, nous filions encore quelques nœuds, tandis que par celui-ci nous ne ferons pas un mille à l'heure. — Tous nos bâtimens, un seul excepté, et les deux petits perdus il y a peu de jours, sont maintenant en vue.

Le 21. Aujourd'hui nous avons très-bon vent, bien que durant la nuit, beaucoup d'éclairs nous aient présagé de l'orage qu'heureusement nous n'avons pas eu. — Nous signalons deux frégates anglaises qui courent à l'est. — Le vent s'est fort accru, ce qui a, et rendu la mer très-houleuse, et obligé une grande partie du convoi à amener ou carguer une portion de ses voiles. — Nous rangeons également à l'est, les îles de *St-Pomo*, *St-Andrea* et *Lissa*, ainsi que les dénomment les gens de notre équipage.

Les vagues sont redevenues si fortes qu'elles couvrent tout l'avant de notre navire, dont l'artillerie en a été enlevée pour être placée sur l'arrière, à l'effet de faciliter notre marche.

Il est bien surprenant que, depuis notre départ, nous n'ayons pu éprouver que des tems extrêmes dans un sens contraire à celui qui nous est propre ! Quoi qu'il en soit de tant de contrariétés, nous avançons assez pour redonner du cœur et de la gaîté à des matelots qui, tous, avaient été épuisés par les plus dures fatigues.

Il faut qu'un navire soit bien solidement construit pour résister à tant d'efforts, à un combat si violent entre lui et des flots énormes qui le frappent et l'obsédent sans cesse ! C'est le comble de l'industrie humaine dans un genre cyclopéen, que ces constructions gigantesques, que ces bâtisses, ces citadelles flottantes, lesquelles, néanmoins, ne sont à l'œil d'un volume si considérable que dans les ports, dans les rades ; car en pleine mer, ce sont tout au plus des coquilles de noix sur un grand fleuve. — Le froissement de l'eau, son refoulement est tel sous la proue du navire, que non-seulement elle jaillit à une hauteur prodigieuse, mais encore c'est qu'elle en paraît décomposée ; et ce large et long sillon blanc que cette proue imprime dans la mer ; ces feux, ces globules phosphoriques qui se détachent de cette écume produite par un choc si rude, par une pression si forte, semblent bien démontrer jusqu'à l'évidence la décomposition de cette eau et sa résolution presqu'en sels divers. — Les eaux de la mer sont si chargées, ici, de matières alkalines et autres, que je suis persuadé que, si elles étaient fortement battues, agitées dans un vase fermé, d'où les vapeurs et les flegmes aquéux pussent cependant s'échapper, qu'on en obtiendrait du sel sans autre préparation. — 40 et quelques navires vus dans un port, dans une rade, font déjà un respectable volume ; mais ici il ne semble être presque rien, eu égard à l'étendue du bassin sur lequel ces navires sont situés, répandus : eh ! que sont donc les hommes eux-mêmes en comparaison de ces masses, bien que ce soient eux qui les aient construites ? Que sont-ils ? Des insectes, des riens, absolument rien que des méchans, que des dupes qui, au mépris des sages prodigalités de la nature, se sont préparé le malheur en se créant des besoins factices, d'habitude, imaginaires, pour les substituer au réel, au véritable, par cela seul qu'il était naturel. — Les vagues continuent à être refoulées avec tant de violence sur l'avant du navire, qu'elles en paraissent échauffées. En effet, elles produisent une sorte de fumée vaporeuse et une écume blanchâtre qui ne laissent point à douter que cette eau, ainsi frappée, ne sorte réellement de sa nature, de sa destination. Combien un tel spectacle donne à réfléchir, sur-tout quand on songe quel est le but de toutes ces démarches maritimes ! Qu'ils sont coupables à mes yeux ces êtres orgueilleux ou cupides qui, ne sachant dans un coin vivre de peu, profitent du malheur, du besoin, de la misère de ces matelots, presque tous pères de famille, pour les envoyer ainsi courir tant de dangers, et par-là servir d'instrumens et d'artisans à la multiplication de leur fortune, de leur ambition, de leur intérêt, et par fois même de leur perfidie, de leurs crimes ! Oh ! les barbares, les détestables hommes sont ceux qui, ayant négligé ou outre-passé les besoins naturels, nous ont fait connaître ce gouffre de désirs sans fins, par cela seul qu'ils sont insatiables ! Sans eux cependant nous serions encore bons, doux, honnêtes, innocens et justes à l'excès; les besoins, les fortunes, seraient les mêmes pour tous ; et tout ce qui vit et respire en cet univers, goûterait une commune félicité que partagerait en même tems ce qu'on entend par les mots : *Auteur de toutes choses, Créateur, Dieu, Providence, Nature, etc.....* — Nous voilà tombes dans un calme presque complet. S'il est naturel de naviguer, ainsi que l'avancent tant de personnes, pourquoi n'avançons-nous pas? Pourquoi le vent, et sur-tout celui favorable, n'est-il pas continuel ? Pourquoi périt-on en naviguant? Pourquoi ne trouve-t-on ni à boire (quoiqu'au milieu des eaux) ni à manger sur les mers? Pourquoi la privation d'alimens y a-t-elle tant de fois porté les hommes à s'entr'égorger pour se nourrir, et par cet effet échapper à la mort ? Pourquoi..... ? Mais je n'en finirais point si je voulais tout dire à ce sujet. — Notre vaisseau, dans un sens inverse, ressemble au tonneau des *Danaïdes ;* plus on le pompe, moins il se vide ; et je suis persuadé que s'il fallait le conduire au-delà de Malte, qu'il ne pourrait jamais y arriver tant sa quille paraît être dégradée. — Aujourd'hui, jour du solstice d'été, le soleil s'est levé à 4 heures 31 minutes, et s'est couché à 7 heures 29 minutes : il n'en a pas moins fait très-frais tout le jour, et même un peu froid la nuit précédente.

Le 22. Nous avons, toute la nuit, été favorisés du vent le plus agréable; d'un côté, nous étions éclairés par une lune étincelante de beauté, de netteté pure, et de l'autre, par une multitude d'éclairs superbes ; car je n'en vis jamais d'aussi beaux. — Je n'ai pas encore pensé de dire que, tous les jours le matin, à midi et

au soir, sur tous les navires de ces contrées-ci,
il se fait une prière en commun, laquelle, aussi
bizarre que singulière, dure quelquefois une
demi-heure. — Une flotte à la voile, vue par
un clair de lune, ressemble absolument à une
ville ou à un gros village dont les maisons éparses se trouvent ici figurées par les vaisseaux :
du moins telle est l'impression que produisit
sur moi notre convoi, la nuit passée. — Le
vent continue de nous servir favorablement ;
mais les lames énormes qu'il détermine seraient
faites pour épouvanter, si l'on se figurait qu'en
cas de malheur, d'accident, on fût ici sans
aucune espèce d'espoir d'être secouru Le meilleur c'est de n'y pas songer, ou de tâcher de se
persuader que ces abîmes, ces gouffres sans
fin et presque sans fond, sont naturels, sont
nécessaires, bien que cette opinion soit aussi
fausse que ridicule : cela du moins pourrait
encore tranquilliser quelques personnes faibles,
ignorantes. — La mer, à ce qu'il paraît, ainsi
que la terre, a aussi ses oiseaux de proie particuliers ; car j'en ai déjà distingué de diverses
sortes planant au-dessus des eaux pour y trouver leur pâture. — Notre mousse, après avoir
travaillé sur les vergues à ce qui manquait à la
voilure, a immédiatement après, par partie
de plaisir, grimpé jusqu'à l'extrêmité du grand
mât, s'y est assis, au moyen de ses jambes
croisées, a claqué des mains, fait mille singe-
ries et contorsions, puis ensuite il en est redes-
cendu rayonnant de joie, comme s'il eût fait
une merveille en laquelle néanmoins il pouvait
se casser le cou ; car par le vent qu'il fait,
aller ainsi de presque tout le corps, déborder
l'extrêmité d'un mât, cela est de la dernière
imprudence dès qu'il n'y a pas de nécessité.
Nous rangeons maintenant au sud-ouest, les

côtes de l'*Abruzze*, et successivement celles de la *Pouille*. — Nous doublons le cap *Béticé* ou de *St-Viest.* — Notre flotte marche dans le meilleur ordre ; on vient d'en détacher un navire léger pour aller reconnaître la côte, afin de s'assurer s'il n'y a point de voiles ennemies tapies derrière les roches énormes qui s'y élèvent. — La fraîcheur la plus admirable règne toujours — Avant la nuit nous découvrons les côtes ou terres de *Barri.* — Il est surprenant de voir les fardeaux énormes qu'au moyen d'une poulie fixée à une vergue et d'un cable, les matelots soulèvent et transportent ; mais il est encore plus surprenant qu'un procédé si simple, si ingénieux et économique ne soit pas mis en usage dans les usines, moulins, fabriques, arsenaux, magasins, fonderies, forges, etc. — Il fait un clair de lune magnifique et d'autant plus beau que, plus on s'approche du sud, plus l'atmosphère y est pure, dégagée de mille flegmes divers qu'on observe dans les autres régions ; mais le froid est, cette nuit, très-piquant : sans doute parceque l'air est entièrement purgé par la présence de l'astre dont je viens de parler. C'est pour la même raison qu'en hiver, dans nos contrées, il fait beaucoup plus froid lorsque la présence de la lune peut nettoyer l'atmosphère de toutes ses parties impures.

Le 23. Les flots de la mer ont été énormément gros toute la nuit, et ils le sont encore ; mais comme un vent arrière continue de nous pousser, la grosseur, l'élévation des vagues nous occupe très-peu.

Cette nuit, par le plus beau clair de lune qu'on puisse voir, nos matelots se sont pris de querelle avec ceux d'une goëlette et ont réciproquement cherché à s'entraver comme le font par fois les cochers de fiacre de Paris ; voici comme ils s'y prennent. Celui des navires qui veut empêcher son adversaire de cheminer comme lui, se place sous le vent, précisément au-dessus du bâtiment qu'il veut narguer, en s'en approchant le plus près possible. Ses voiles alors étant pleines parent, par leur enflure, le vent qui devait aller tomber sur celles de l'autre, duquel les voiles restant flasques, n'avance que peu, quelqu'efforts les matelots fassent. On sent que si l'adversaire, placé sous le vent, voulait suivre son chemin sans s'obstiner à ménager ses manœuvres de manière à ne point aller trop vîte, et par cet effet continuer ses insultes, ses contrariétés, ce jeu aurait peu de durée ; mais il s'arrange de manière à le taquiner ainsi le plus de tems qu'il lui est possible, ce qui fait rire ses matelots et pester les autres : c'est alors que se vomissent des torrens d'injures et que les menaces ne sont point épargnées. — Nous découvrons les hautes montagnes de *l'Albanie*, et rangeons à l'est la presqu'île, ou pour mieux dire le cap *Lalengueta* au-dessous de *Valona*, lequel s'appelle, par les marins du pays, *Scimer*.

Sur l'avis du timonier, nous allons courir sud-ouest. — Nous signalons une frégate anglaise dans la direction sud. Il est inconcevable de voir la facilité avec laquelle les matelots reconnaissent, à une très-grande distance, même les objets les plus petits. — Nous voilà en vue du cap *Ste-Marie*. — Deux monstres énormes, à demi hors de l'eau, viennent, en se culbutant, de passer sous notre proue, à portée de pistolet, en soufflant d'une force telle que, cinquante bœufs à la fois ne produiraient pas le même bruit, bien qu'il eût de l'analogie avec celui que je viens d'entendre. Personne de l'équipage n'est d'accord sur le nom à donner à ces animaux, dont la grosseur n'est pas moindre que celle d'un éléphant —Je quitte le pont pour laisser à notre monde la faculté d'opérer à son aise toutes ses gyries, dites religieuses : car lorsque je me trouve présent à ces momeries singulières, je ne puis m'empêcher d'en rire, bien que j'aie pour principe de respecter les usages de tout chacun ; mais ceux-ci sont si bizarres, que si je voulais en transmettre les détails, je ne doute point que celui qui les lirait n'en rit aussi de tout son cœur. Ce sont cependant de telles farces qu'ils n'ont pas honte d'intituler, *prières du soir :* chacun son goût ; mais comme ces soi-disant prières ne sont point du mien, j'aime beaucoup mieux me retirer dans ma chambre en laissant par là ces bonnes-gens en repos. — Le vent se multiplie, ce qui nous fait toujours avancer davantage.

Le 24. Encore que nos pompes soient jour et nuit dans une continuelle activité, elles ont néanmoins de la peine de nous entretenir au niveau nécessaire. — Quatre navires de notre flotte prennent la route du Levant. — Nous sommes en vue des côtes de *Calabre* ; nous allons même doubler le cap *Del-Colona.*

Toujours pomper, pomper, (que par dérision nos matelots appellent *jouer de la guitarre*), et cela pour 4 malheureuses piastres d'Espagne par mois ! Est-il possible d'user ainsi son corps, ses bras et exposer sans cesse sa vie pour une si modique somme ! Cela n'est en vérité pas concevable. Cependant rien n'est plus vrai, et encore pour leur accorder cette rétribution met-on du choix dans les matelots. O avilissement de l'espèce humaine ! Besoins factices et détestables ! Hommes, que l'habitude domine plus que la raison, que vous êtes à plaindre d'un côté, mais à mépriser de l'autre !
Quoi

Quoi ! vous ne saurez donc point embrasser des professions paisibles à l'abri du péril , et manger , au coin de votre feu , des pommes de terre et boire de l'eau , plutôt que d'aller ainsi acheter , au prix de votre sang , un si faible dédommagement ! Vous appartient-il de compromettre votre existence de la sorte ? Non ; vous êtes destinés à vivre , bien vivre , longuement vivre , en attendant que la main du tems vienne d'elle-même vous retirer d'ici pour vous assigner de nouvelles fonctions , et , par cet effet , vous faire participer aux destinées futures de ce monde ; sans quoi vous n'êtes qu'un marc de rebut , imparfait dans le grand-tout universel , lieu où , comme tous les autres agens , vous avez divers rôles à jouer, à remplir. — Il paraît que les propriétaires fortunés des côtes riveraines de ces mers-ci , n'achètent des navires que pour en donner le commandement à leurs garçons , et , par ce moyen , leur créer un état au-dessus des professions ordinaires. — Quoique nous nous trouvions présentement par les 38 ou 39.emes dégrés de latitude nord , cependant la fraîcheur règne toujours.— Nous sommes tellement rapprochés des côtes de Calabre que , sans le secours d'une lunette , nous distinguons jusqu'aux arbres isolés, aux buffles qui se baignent sur les bords de la mer, etc Tous ces pays riverains n'offrent à l'œil que l'image de la stérilité et d'un déchirement général. On assure cependant que ces terres désolées et si pauvres en apparence , sont très-productives lorsqu'elles sont cultivées. — Je viens de manger d'un poisson nommé *Folpot* par les habitans des pays voisins. Sa structure est assez singulière ; il a la figure d'une étoile au centre de laquelle se trouvent à la fois le corps et la tête ; mais celle-ci enchas-

.D

sée dans le premier , dont la forme est ronde et du diamètre d'un pied et demi ; c'est de là que partent huit queues ou branches qui , à leur aide et au moyen du corps , produisent une espèce d'étoile. Toutes ces queues , de deux pieds de long, sont garnies d'oreillettes qui paraissent être destinées à aspirer et expirer selon le cas : le dessus en est noirâtre et le dessous blanc comme lait. Je suis persuadé que si l'on voulait s'occuper à peindre ou à seulement dessiner toutes les espèces de poissons , de coquillages , de corps marins , crustacées , etc. , que les pêcheurs ramènent chaque jour, la vie d'un homme , quelque prompt il fût , et quelque étendue fût sa longevité , ne suffirait pas pour en esquisser la centième partie par jour , chaque mer , chaque côte ou parage offrant des différentes espèces inconnues jusqu'à ce moment. — Le tems mollit ; le vent nous est enlevé ; le calme règne, ce qui prouve qu'à la mer , même avec le tems le plus favorable , on ne doit compter sur rien de positif sur l'heure de l'arrivée. — L'état de désœuvrement dans lequel se trouvent nos matelots , les porte à tourmenter les chiens et les chats que nous avons à bord , chiens et chats qu'ils font crier de belle façon par les mauvais traitemens qu'ils leur font éprouver. Ce passe-tems, cette recréation est bien digne de gens si insensibles, si grossiers. Nous attendons avec impatience le coucher du soleil , pour savoir si la brise de terre , brise qui ordinairement se fait sentir le soir , nous tirera de la situation en laquelle nous sommes ; car nous ne faisons pas dix toises de chemin en 6o minutes. — La brise de terre (ou de mer, n'importe d'où elle vienne) qu'on éprouve régulièrement en diverses régions de la terre, prouve bien que son interruption ,

（ 51 ）

pendant le jour, n'est occasionnée que par la présence du soleil, ou, pour mieux dire, que par
ses facultés dévorantes, absorbantes, dessica-
tives. — Nous signalons un petit bâtiment à la
côte, qui fait de vains efforts pour gagner le
large. Serait-ce un corsaire ? Dans ce cas, je
donnerais volontiers un coup de main pour l'enlever, car je n'aime point ces voleurs, ces écu-
meurs de mer. — Encore une frégate venant
très-lentement du sud. — Nous allons coucher
par le calme le plus complet. La mer est unie
comme une glace. La lune et la fraîcheur ajou-
tent des charmes à la beauté de cette soirée
inexprimable ; mais cela ne fait point notre
affaire, et je préférerais une tempête qui nous
fît avancer à cette nuit d'ailleurs enchanteresse.

Le 25 Poussé cette nuit par une faible brise,
nous avons doublé le cap *Stilo* ; nous découvrons en ce moment celui *Spartivento*. — Plusieurs navires nous quittent encore pour prendre
la route de *Messine*, dont nous découvrons,
sinon le phare, du moins le détroit.

Le 26. Notre bâtiment fait tant d'eau que
nous eûmes hier bien de la peine de suivre les
autres, et maintenant nous en sommes encore
très-éloignés. — Nous découvrons enfin le mont
AEtna, si improprement appelé *Mont-Gibel*,
du mot arabe *gebel* qui signifie *montagne* : or
en disant *Mont-Gibel*, on prononce deux fois
le mot *mont* ; savoir, le premier en français
et le second en arabe ou langage sarrazin. Le
sommet de cet AEtna, environné de nuages
ou de fumée, paraît être d'une hauteur prodigieuse. — La fraîcheur des nuits m'a causé
une espèce de fluxion de poitrine dont je suis
très-incommodé ; cela est d'autant plus pénible
que nous sommes ici sans aucun soulagement
quelconque. — Plusieurs de ces énormes mons-

tres marins que nous vîmes il y a quelques jours,
viennent encore de reparaître très-près de nous.

Nous voilà présentement en face de la pointe
la plus méridionale de la Calabre. Ce coup-d'œil
est triste : il n'offre que des amas de rochers
brisés, déchirés et entassés les uns sur les autres,
enfin que l'image de la dévastation et de la destruction les plus complètes — Le vent recom-
mence à nous caresser : tant mieux ! car j'ai
bien besoin d'arriver à Malte pour me soigner.

Nous avons dépassé le cap *Del-Larmi* ou de
Delamarre. — La Sicile et l'extrêmité sud de
la Calabre sont si rapprochées, qu'on dirait
d'ici qu'elles se touchent. — A mesure que nous
avançons, on dirait que l'AEtna s'aggrandit.

Nous commençons à découvrir des navires
de tous côtés, naviguant comme si on était
en pleine paix, tant la jactance charlatanique
et mensongère de ceux qui, dans leurs gazettes,
ne cessent de vanter le pretendu accroisse-
ment de la marine du Corse est fausse, est mé-
prisée. La vérité est qu'on ne voit son pavillon
nulle part, pas même près des côtes occupées
par ses troupes. — Le calme nous rattrappe
encore. Il faudrait en mer, pour s'affranchir
de l'ennui qu'un tems pareil cause, pouvoir
dormir jusqu'à sa destination. — Nous venons
d'avoir, sans doute à titre de compensation
pour le tems que nous perdons ici, un coucher de
soleil plus que délicieux par la multiplicité des
reflets, des nuances dorées, rosées, pourprées,
que communiquait cet astre à des groupes de
nuages amoncelés au-dessus de l'AEtna dont
ils ornaient la tête, la sommité ; et, tandis
que nous avions ce spectacle à l'occident, une
lune enchanteresse, rayonnante de beauté, de
netteté, s'élevait peu à peu sur l'horison opposé ;
prenant des teintes plus foncées à mesure que

le soleil se cachant derrière le globe, celui-ci est parvenu à éteindre, à absorber entièrement toute sa puissance, tous ses rayons : alors les feux doux, scintillans de la lune dominant sur tous les espaces, ont fini par nous procurer une soirée qu'on ne peut obtenir et goûter comme il faut que dans ces régions-ci. — Si, comme on l'a avancé et soutenu, la lune emprunte sa lumière du soleil, comment se fait-il qu'elle n'est jamais si belle, si resplendissante que quand il est couché, que quand le globe terrestre est entièrement interposé entr'eux, de façon à annuller toute espèce de correspondance? Comment se fait-il aussi que lors d'une éclipse de soleil ; cette lune, placée exactement entre cet astre et nous, est aussi sombre, aussi obscure que l'est un corps charbonneux obstrué de scories, de matières imparfaites? Car il semble que si effectivement cette lune empruntait ses couleurs, ses facultés lumineuses du soleil, elle ne dût jamais être plus riche de cet emprunt que quand ces deux astres sont superposés les uns sur les autres, ce qui n'est cependant pas, d'après ce que j'ai eu occasion d'observer lors d'une éclipse pleine et entière de soleil. En effet, il serait bien surprenant qu'un corps étant caché, sequestré d'un autre, pût se réfléchir sur lui au point de lui donner l'être, et que mis ensuite en présence l'un de l'autre, cette réflexion créatrice restât nulle. Comme ce n'est point ici le lieu de traiter à fond cette espèce de matière, je m'en occuperai dans un autre endroit. La fièvre que je ressens m'oblige à faire retraite : je vais me coucher.

Le 27. En ce moment nous nous trouvons en face de la ville d'*Augusta* (Sicile) — Nous découvrons *Syracuse* bâtie sur un plan incliné, ce qui nous donne la faculté d'en tout distinguer , ainsi qu'on le fait dans un panorama. Cette ville célèbre, grande encore, mais déchue de sa splendeur passée , n'est environnée que de terrains sinon arides , du moins en partie privés de verdure , ainsi que le sont presque toutes les contrées extérieures qui longent ou bordent l'Adriatique , Adriatique que nous avons déjà quittée pour entrer dans les eaux de la Méditerranée — La fraîcheur la plus agréable nous accompagne toujours ; cela paraît d'autant plus surprenant que nous ne sommes plus qu'à la distance de 13 dégrès du tropique. — Nous ne perdons point de vue le mont Ætna , mont qui, par un tems serein se découvre à la distance de 60 à 70 milles : qu'on juge par-là de son isolement et de sa hauteur. — La mer se grossit et un vent très-violent nous oblige à naviguer dans un sens presqu'inverse de notre point de direction. — Encore un sublime coucher de soleil par les teintes dorées, sanguines que ses rayons mourans communiquent à un amas de nuages gris et noirs. — Nous avons pleine lune , une fraîcheur admirable et un vent toujours contraire.

Le 28. On s'occupe à réunir le convoi dispersé pendant la nuit par le mauvais tems. — Nous voilà rejetés loin de la côte , ce qui m'empêchera de voir la forteresse située au cap *Passaro* que nous devions doubler. — On répand le bruit que des troupes anglaises ont débarqué en Calabre sans éprouver la moindre résistance. Cela est croyable ; mais une expédition de cette nature est à mes yeux un coup d'épée dans l'eau ou comme *moutarde après-dînée*. Il aurait fallu, ainsi que je l'avais dit il y a quelque tems, que ce mouvement fût combiné avec l'Archiduc *Jean* lorsqu'il était encore en Italie et eût en outre de la connexion avec de pareilles opérations, en même tems exécutées, en Espagne et en Portugal : alors ces diversions eussent pu être de quelque fruit pour ce jeune et estimable Prince, et pour la maison d'Autriche. — Le bon vent nous gagne : nous sommes vis-à-vis du cap *Passaro*, quoiqu'éloigné de nous, point sud le plus extrême de la Sicile, et distant d'à-peu-près 6o milles de Malte.

Le 29. Durant la nuit nous avons eu, pendant peu de tems, il est vrai, une pluie légère, ce qui est quelque chose de rare dans ces contrées-ci. — Nous découvrons enfin l'île de Malte, lieu où l'épuisement de nos vivres, de notre eau pourrie, de ma patience et de ma santé, nous fait un devoir comme une nécessité d'arriver. Je quitterai nos gens sans beaucoup de regrets, non qu'ils ne se comportent très-bien à mon égard, mais parceque leurs usages, leurs manières libres et cavalières, leur malpropreté, enfin leur grossièreté finiraient par me déplaire. Ils ont en outre divers sujets de superstition qui me blessent, qui m'appitoient sur leur compte : par exemple, à l'imitation des élèves de *Pitha-gore*, ils ont les *fèves* en horreur; ensuite mille momeries diverses sont par eux si scrupuleusement observées, que cela gêne et dégoûte tout à la fois. — Nous découvrons aussi l'île de *Gozo* à l'ouest de Malte. — Après quarante et un jours de voyages et de séjours nous arrivons enfin à Malte dans le port de *Cité-Lavalette*, dont l'aspect est admirable : elle est bâtie en amphithéâtre.—Notre convoi se compose encore de trente et quelques voiles, non compris le brick *l'Imogène*. Les soins et l'intelligence du capitaine qui commande ce bâtiment sont au-dessus de tout ce qu'on peut dire. — Les ports de Malte (car c'en est plusieurs les uns dans les autres) et les fortifications sont dans un tel état de propreté, d'étendue, sont si beaux qu'il est impossible de les décrire; je puis même ajouter que je n'ai de ma vie rien vu d'aussi fortifié, d'aussi surprenant, et qu'à tous égards on peut regarder comme imprenable, fût-on même encore maître de la mer. Nos matelots plient bagage, carguent leurs voiles en jetant un regard de pitié sur les pompes qui les ont tant fait souffrir durant la traversée : ils ne peuvent s'empêcher d'en soupirer. Quant à moi, je vais à la ville qu'il me tarde de visiter, mais où sur-tout j'ai besoin de me procurer ce qui me manque et m'est indispensable.

Le 30. Encore une excursion en ville ; car il m'a été impossible d'y trouver un logement, ce qui m'oblige de continuer à coucher à bord.

Rien, non rien ne peut rendre les beautés singulières, rares et bisarres de cette ville ! Sa construction dans le goût oriental a quelque chose de si neuf, de si piquant aux yeux d'un européen, qu'il est forcé de s'extasier à la vue de tant d'objets plus extraordinaires les uns que les autres. Chaque maison, aux étages de laquelle il y a des balcons couverts, avec des croisées, des jalousies, faisant par cet effet une sorte de supplément à l'appartement (par cet appartement avancé); chaque maison, dis je, se termine en haut par une terrasse, et non par une toîture comme en Europe. Ces terrasses, la plupart garnies de pots, de caisses contenant des fleurs, des arbustes, etc. , sont destinées au repas du soir ; c'est-là le seul endroit (deux heures après le coucher du soleil), où il soit possible de respirer tant soit peu de fraîcheur; car durant toute la nuit même, les rues, pavées de larges dalles de pierres granitiques, encore imprégnées de la chaleur dévorante qu'il fait pendant le jour dans cette île si dépourvue de verdure, sont comme des étuves à chaleur répercutée. Quoique les rues soient belles, bien alignées, néanmoins les maisons sont irrégulières dans leur forme, dans leur hauteur, leur couleur, et sont en général détachées, isolées dans leur partie supérieure; de façon qu'en raison de la variété des différens genres de construction, comme aussi de celle des églises, clochers, tours, dômes, minarets, etc. (lesquels dominent le tout), cela produit un effet singulier et offre un coup d'œil dont on ne peut se rassasier ni trouver l'égal que dans les romans les plus exaltés, ou dans les contes de fées. Les ports, en ce moment occupés par 2000 vaisseaux de presque toutes les nations, les quais, les fortifications, les établissemens publics, sont dans un état d'entretien, de propreté, solidité dont on ne peut se faire aucune idée. Il paraît que depuis que les anglais se sont emparés de cette possession, sans prix, qu'ils y ont encore ajouté des fortifications et une ligne, dit-on, de 72 fortins qui s'étend à une très-grande distance de la place ; ce qui, par la correspondance de ces postes fortifiés, rend très-difficiles, pour ne pas dire impossibles, les approches de cette île ; île qui, d'ailleurs, n'est à proprement parler qu'un rocher aride, stérile, brûlant, sans abri, presque sans végétaux, lieu où l'on est désolé, accablé toute l'année par une chaleur insupportable, ne serait digne à mes yeux que de servir à l'exil des malfaiteurs pour lesquels elle ferait une sorte d'enfer (supposant que les avantages procurés par une si belle cité n'existassent point), si des raisons politiques, si l'intérêt le plus cher, enfin si la prospérité ne faisaient un devoir, d'après nos conventions, de se maintenir dans la jouissance d'une telle acquisition : ce qui me fait croire que l'Angleterre la conservera autant de tems que durera son empire universel , empire auquel elle servira (ainsi que Gibraltar, le cap de Bonne-Espérance et Ceylan), dans toutes les circonstances, du plus grand, du plus important appui ; car on ne peut se dissimuler que , dans cette situation , elle surveille à son aise et commerce facilement avec tous les peuples et les côtes de l'Afrique septentrionale , d'Egypte , de Palestine et Syrie ; de la Natolie, de la Turquie d'Europe, de la Grèce, de la Dalmatie , de l'Etat Pontifical , de l'Etat de Naples et de Sicile ; de Sardaigne, de France, des îles de Chypre, de Rhodes , de Négrepont, de Crète, de toutes celles de Grèce, et généralement toutes les nations riveraines dont l'Adriatique , la mer Egée et la Méditéranée baignent les côtes. Qu'on juge , d'après cela , de l'avantage de cet entrepôt général, à la fois militaire et marchand , et l'on sentira la nécessité où elle se trouve de le conserver , sur-tout quand le plus vil des intrigans , agitant de toutes parts ses brandons de discorde , rêve toujours au moyen de revenir en *Egypte ,* qu'il regrète de n'avoir pu ni su conserver après tant de sacrifices en tous genres , faits par mon pauvre et malheureux pays. Et il n'est pas à douter que ses machinations ne s'étendent même jusqu'en *Perse* pour y trouver des prosélytes révolutionnaires , ce qu'il n'obtiendra pas , bien qu'on ignore ce qui pourrait arriver si la possibilité de faire faire un débarquement en Egypte ou en Syrie , ne lui était refusée. Mais tant qu'il n'aura que des projets futiles , fantasques; tant qu'il n'aura que des fanfaronnades et des cadeaux précieux à mettre aux pieds du Sophi de Perse, ce prince si sage prendra ses présens, rejetera , rira et méprisera le reste , tout en

affectant le contraire ; car personne ne doute
que les émissaires (dont j'ai eu occasion de rencontrer une couple à des distances énormes
l'un de l'autre , et avec lesquels j'ai eu divers
entretiens), qu'il a envoyés en Perse , n'aient
pour but d'entraîner ce pays dans de folles et
ridicules entreprises , tant contre les Russes
que contre les possessions anglaises de l'Inde ,
etc. ; mais il en sera pour ses démarches , ses
ruineuses dépenses , et n'obtiendra pour résultat que ce que peut promettre une cervelle
creuse et exaltée.

Le 1 er juillet. Je viens d'avoir la satisfaction
de rencontrer un vieil émigré français , M. le
chevalier *Duchâteau* , lequel , retiré en Sicile,
vient ici tous les trois mois recevoir un quar-
tier de la pension de *cent vingt-cinq guinées*
qu'il doit , comme tant d'autres , à la générosité
du Gouvernement anglais. C'est ce qu'on peut
appeler un français de la vieille roche , bien
qu'il ait à jamais perdu l'espoir de revoir à la
fois sa Patrie et Louis XVIII rentré dans l'héritage de ses ancêtres , ce qui m'a fait de la
peine. J'ai eu beau combattre son incrédulité
par tous les raisonnemens possibles , il n'a pu
se persuader que j'eusse raison à cet égard , ce
qui ne m'empêchera point cependant de parcourir jusqu'au bout la carrière qu'à ce sujet
j'ai si volontairement entreprise. — Croirait-on
que les oranges de Malte , tant vantées à Paris,
ne croissent point ici , et qu'il faut au contraire
en tirer d'Espagne , de Portugal , d'Italie , de
Sicile, etc. , pour la consommation des habitans ! car il n'y a que très-peu d'arbres , d'arbustes en cette île ; et la seule culture qui y
vaille quelque chose , c'est celle d'un coton
très-modique et très-court en laine ou soie.

Je ne puis me lasser de voir un millier de

petites caïques, de gondoles, chaloupes, etc.;
joliment ornées, peintes et garnies de voiles
fines et blanches comme du lait , parcourir en
tous sens les eaux qui nous environnent : j'en
suis en vérité ravi. — Je retourne encore à la
ville pour avoir l'honneur de saluer S. E. Mgr.
le gouverneur , le général Ball. — Encore que
S. Ex. m'ait fait des reproches sur l'omission
(forcée) que j'ai faite de ne lui avoir point
apporté de lettres de recommandation particulière ; cependant ses façons me plaisent autant
que sa personne en laquelle tout paraît respirer
l'honnêteté , la probité , la candeur.

Les lettres de recommandation et de crédit
dont j'ai été pourvu par les soins obligeans ,
délicats de la maison *Adamitch* et sur·tout par
ceux de M. *Marcoutti*, son sécrétaire, pour la
maison *Lavoratori* de cette ville-ci , ont jusqu'alors été bien accueillies. — C'est ici qu'il
faut voir les fruits, les fleurs et autres productions végétales, quoique sur un rocher, pour
juger par comparaison de l'état dégénéré dans
lequel elles sont déjà au-delà du 40.me dégré
de latitude ! Cependant, à l'exception du figuier
d'Inde , lequel portant fruit·, et croit dans
les pierres , dans les broussailles, en s'élevant
de 15 pieds sur une égale largeur, tout en cette
île ne vient que sur des terres rapportées. Les
oranges, les grenades, les limons, les citrons,
les figues, les amandes, melons verts et mus-
qués , les légumes, etc., qu'on recueille soit
dans les fossés qui contournent la ville ou dans
quelques jardins particuliers, sont d'une beauté
et bonté particulières et assez bon marché pour
un lieu où l'or étant très-commun, la vie animale et beaucoup d'objets sont fort chers.

A voir la surface sèche de cette île, on est
étonné d'y trouver un marché de légumes, etc.,

si bien pourvu de toutes choses. La viande, le poisson, ainsi que les marchandises de tous pays, sont dans l'abondance la plus complète à Malte. Les bœufs, les moutons à large queue, les chèvres, etc., se tirent des côtes de Barbarie, de la Sicile, et autres lieux à proximité.

Le 2. Ayant de 24 heures, manqué, par ma tardive arrivée, le *paket* pour l'Angleterre, il faut que j'attende maintenant la venue et le départ d'un autre, pour me mettre en route pour cette destination. En attendant, je promène mes pas, mes regards ; je fais des observations de toutes parts. Je sors du jardin botanique ; il est très-bien tenu et contient des plantes, des arbres, des arbustes bien développés et très-rares en Europe : c'est beaucoup pour un pays de pierres ; mais en général j'ai vu beaucoup mieux que cela à Paris, à Vienne, à St-Pétersbourg, à Berlin et ailleurs. Au moment où je sortais de ce jardin, j'ai eu l'honneur, ainsi que c'est d'usage, de saluer une dame que j'appris, immédiatement après, être S A. S. Madame la Duchesse *d'Orléans* : mon cœur a palpité de joie d'avoir revu une de nos princesses légitimes. — Plus je considère les pays chauds, ce qu'ils durent être avant la convulsion qui n'en fit qu'un monceau de pierres ; plus je considère la facilité qu'on devait avoir alors, de s'alimenter de productions naturelles ; plus je considère enfin la misère des peuples civilisés, (peuples qui se croient cependant sur la voie du bonheur quand ils peuvent parvenir à se procurer assez d'or pour satisfaire à leurs désirs), plus je crois qu'ils déploreraient la perte irréparable qu'ils ont faite s'ils en connaissaient le véritable prix ; car avant cette catastrophe générale qui, de tout le globe superficiel ne fit qu'un objet de malheur, de tristesse, de dévastation, de privation, d'horreur et de mort anticipée; toute la terre, aussi pourvue d'arbres, d'arbustes, de végétaux que l'est de poils le corps de l'animal laineux, devait fournir à la subsistance de toutes les espèces, sans qu'il leur fût besoin d'autres travaux pour se la procurer, que de la choisir, de la ramasser à mesure qu'elle leur était nécessaire. C'est alors que chacun pouvait être bon, doux, innocent, vivre longuement sans maladie ni infirmité et mourir sans regret; la fortune, le bien-être étant, dans ces tems, commun, uniforme, égal pour tous : car il n'y a pas à douter que ce ne soit de la privation de ce qui est propre par espèce, par organisation, que naissent les vices, les imperfections de l'ame, enfin tous les malheurs de ce monde actuel.

Le 3. Je viens de voir une partie de la garnison sous les armes : jamais on ne vit rien de semblable pour la tenue, la propreté, la discipline, la subordination, le silence, et en un mot, pour tout ce qui caractérise le vrai militaire. Ces armes, ces uniformes, tout l'équipement en général est d'une qualité supérieure, ce qui indique la richesse des sources d'où ces fournitures dérivent. — Quelle activité règne dans le port, dans la ville ! Comme tout respire ici l'aisance, la richesse ! L'or et l'argent sont d'un commun qui n'a point d'exemple; aussi outre que les pêcheurs, les mariniers, les porte-faix, n'ont que des boucles d'argent qui leur couvrent le pied, et que des boutons de même métal, plus gros que des noix, pendent à toutes les boutonnières de leur veste, il n'est pas rare de leur voir en or, les mêmes objets. — Il est plaisant de trouver, à la tête de plusieurs maisons de commerce et de commission, des capucins et autres religieux, en

(63)

habit monacal, distribuant ou recevant l'or, l'argent et les marchandises, comme le font dans nos comptoirs les commis intéressés : il en est même qui font ces sortes d'affaires pour leur compte personnel. — Un régiment d'infanterie, en petites vestes de casimir orange, collet et paremens rouges, pantalon de beau drap de coton blanc, viennent de passer une revue : rien n'egale cette tenue Un officier, Suisse d'origine, employé en ce corps, me disait, il y a quelques minutes, que chaque soldat, outre un pantalon de toile blanche, avait deux pantalons de drap de coton : je ne m'étonne plus alors de leur grande propreté ni de leur air cossu. — Les femmes maltaises ont presque toutes le teint pâle, pour ne pas dire jaune terré, et par fois olivâtre : cette couleur de peau, jointe à de très-grands yeux noirs, de longs cils, des sourcils arqués et épais, des cheveux longs, gros et noirs; leur tête enveloppée d'une mante de drap ou de soie de la même couleur, leur donne l'air de têtes de mort; et certes, avec un tel teint, une telle disposition de peau, elles auraient bien de la peine à nier leur origine Arabe ou Sarrazine. Elles ont, avec cela, un air languissant, larmoyant, valétudinaire, usé. Cependant, comme il *n'y a point de règle sans exception*, je confesse que j'en ai vu quelques-unes qui étaient fraîches, jolies, piquantes ; mais elles sont très-rares ; leur méthode de s'habiller de noir et de s'affubler la tête comme je l'ai dit, leur donnant à toutes la tournure de nos sœurs hospitalières.

Les hommes, pour le teint, ne différent point des femmes ; mais ils ont le regard cruel, fixe, farouche, terrible lorsqu'ils s'emportent, et ils le font pour peu de chose. Leur langage est l'arabe corrompu, dans lequel ont été fondus des mots hébreux, franques et italiens.

Tous les amusemens se réduisent, ici, à entendre le dimanche une assez bonne musique au jardin botanique, et à se promener pendant la nuit en gondole illuminée, et parfois avec des musiciens, sur les eaux des ports, des bassins, des canaux.

Le 4. Il m'a été impossible de voir, sans éprouver une sorte de plaisir mêlé d'attendrissement, *les lys français* conservés tant sur les bastions, les monumens, les monnaies du pays, les églises qu'ailleurs Cela fait l'éloge des dispositions, de la sagacité, et de la probité même de ceux qui sont en possession de cette colonie. —Quiconque veut voir, en mosaïques, les premières richesses du monde, outre plusieurs mausolées ou tombeaux du plus grand prix, tant en marbre, stuc, porphyre, albâtre, granit que bronze, n'a qu'à aller à l'église de St-Jean à Malte. — Les eglises sont perpétuellement encombrées d'hommes et de femmes ; je n'aime point les gens si excessivement dévots : cela sent le fanatisme, qui ne peut être que le fruit de l'ignorance, de la faiblesse, lesquelles osent tout dans l'occasion. — Le marché au poisson se compose de petits pavillons ou loges en pierres, dont le centre est occupé par une très-large table de marbre blanc. C'est vers la chûte du jour qu'on l'approvisionne des plus belles espèces de poissons possibles, rangés sur le marbre, avec ordre et propreté.

Le seul lait qu'on consomme ici, c'est le lait de chèvre, qu'on trait de porte en porte à mesure qu'on en demande. — Hier et aujourd'hui, il est peut-être entré dans le port, pour être ensuite déposé sur le marché, plus de 200 thons, dont les plus petits ne pesaient pas

moins

moins de 150 livres, et les plus gros de 3 à 400. — Il y a ici une rose blanche à odeur musquée, et une espèce de lavande double qui sont d'une suavité admirable. — Les plongeurs maltais sont si habiles dans cet art, qu'ils vont au fond de la mer y chercher une *grani*, sorte de petite monnaie de cuivre. — Les melons à forme de serpent, les potirons et les pommes d'amour, sont très-abondans sur le marché depuis deux jours, au point de les donner pour peu de chose.

Le 5. Le carillon des cloches est vraiment assommant dans cette ville : on n'y fait rien autre depuis le matin jusqu'au soir. — La chaleur devient chaque jour plus forte, plus insoutenable ; cependant les habitans prétendent qu'elle n'est rien encore en raison de ce qu'elle sera en août et septembre. Il y a ici des gens très-âgés qui n'ont jamais vu d'autre neige que celle qu'on apporte chaque jour de Calabre, dans les glacis de la ville, pour en former des sorbets au prix d'un darique la pièce ou le verre ; car c'est une sorte de glace à demi congellée. Le darique se compose de 20 granis, lesquels n'étant que de très-petits liards usés, équivalent à 4 sous de France. — Les nuits ici sont presque sans la moindre rosée : pourquoi cela, quand l'Egypte distante seulement de 6 à 7 dégrés en a de si considérables ? C'est sans doute, d'une part, parceque la chaleur ardente dont le rocher qui constitue Malte, en étant constamment pénétré, la dévore, la ruine, l'absorbe à son approche, lorsque, pendant la nuit, le peu de volume qu'elle présente cherche à s'y appesantir, à s'en rapprocher ; et, d'une autre, parceque le pays est dépourvu de verdure, de végétaux, de terre végétale et de rivières. — Si, en ville, on n'a pour tout secours

en eau potable que celle qui provient des citernes , aussi ces citernes sont-elles disposées ,
soignées et entretenues de manière que personne n'en manque à son domicile ; car, au
moyen de canaux pratiqués souterrainement ,
chaque maison en reçoit la quantité qui lui est
nécessaire. — La mer était tellement lumineuse
la nuit passée , que les poissons de la plus
petite dimension étaient apparens , même à la
plus grande profondeur. — La bibliothèque
publique est tenue par des ecclésiastiques fort
honnêtes : ils parlent les diverses langues de
l'Europe. On y voit encore, au milieu des salles,
un lion, un grand serpent , un crocodile , une
hyène , un dromadaire , etc. , empaillés et
assez bien conservés.

Le 6. Les tournures entortillées que prend
avec moi la maison *Lavoratori*, semblent me
présager que mes lettres de recommandation ,
mais sur-tout celle de crédit , restera sans effet ;
car Fiume est occupé par les troupes du général Marmont : alors, aux yeux d'un marchand,
les choses changent de face , et les actes des
correspondans deviennent nuls , au moins jusqu'à nouvel ordre. — On vend ici une sorte de
coquillage qui , avant d'être cuit , rend beaucoup de liqueur couleur pourpre. — Presque
tous les Maltais et toutes les Maltaises sont couverts d'amulettes , de petits sachets préservatifs,
etc. ; mais ce qui caractérise beaucoup mieux
encore leurs inclinations superstitieuses , ce
sont ces croix, christs, vierges et autres signes
de cette nature , que tous les hommes se font
faire , par l'effet d'une espèce de tatouage en
toutes couleurs, entre cuir et chair , sur la
peau des jambes , des bras, de la poitrine,
etc — Un procureur de cet endroit, parlant
assez bien français, m'a proposé de me rendre

invulnérable, si je voulais lui en acheter le secret : j'y ai consenti ; mais à la condition qu'à l'aide d'un pistolet chargé à balle , tiré sur lui à bout portant, je vérifierais si lui-même est revêtu de ce dont il veut pourvoir les autres. Comme il s'est refusé à cette épreuve, je lui ai également refusé mon argent. Ce même homme , homme qui ne manque pas d'esprit , et qui peut-être même n'en a que trop, m'a dit en outre posséder le secret d'une machine qu'il a inventée (il se dit grand pyrotecnicien), machine qui, ne nécessitant guère de dépense pour être construite , n'exige pour être servie que 10 à 12 hommes, et avec laquelle cependant on peut , par un feu d'artillerie de tous calibres et aussi considérable qu'on le veut , forcer à la retraite un corps de 3000 hommes , n'importe dans quelle position ils se trouvent. Cette machine plus qu'infernale sans doute , est, dit-il, susceptible de plus grands développemens ; c'est-à-dire , qu'en doublant les proportions et en y employant 24 hommes au lieu de 12 , on pourra la transporter également partout, et alors forcer 6000 hommes à la retraite, et ainsi de suite , en augmentant la machine et un nombre proportionnel d'hommes Enfin , de toutes les inventions humaines, il la regarde comme la plus redoutable. Je lui ai demandé pourquoi il ne faisait point part d'une découverte si intéressante (eu égard au systême de destruction admis, adopté par presque tous les peuples civilisés) à M. le Gouverneur de l'île ? Il ma répondu que « Telle avait été sa première » pensée ; mais qu'ayant à ce sujet consulté son » confesseur , celui-ci lui avait enjoint de n'en » rien faire , un procédé de cette importance » devant être reservé *pour une guerre de*

» *religion*, et non pour le service, l'intérêt
» des *hérétiques* ».

Le 7. On amène encore une très-grande quantité de thons. Quand on considère la couleur
terne et sanguinolente de ces monstres à tête
coupée, au ventre ouvert, on est surpris que
de telles chairs, fermentées dans l'estomac
humain, ne nous procurent point la mort ou
tout au moins de graves indispositions. Ce que
c'est cependant que l'habitude consacrée par le
tems et dans l'origine, par la privation la plus
absolue ! Nous voyons maintenant, de sang-
froid, une multitude de cadavres animaux privés de la vie par nos soins ; le soldat voit, d'un
même œil, cent mille hommes tués à ses côtés ;
enfin l'Africain de l'intérieur expose la chair
humaine au marché, comme nous le faisons
chez-nous du veau, du bœuf, du mouton :
pas un ne croit avoir tort, quand il est manifestement clair et conséquent de croire le contraire. Pas un de nous cependant ne promène
ses idées, ses méditations, ses pensées sur un
sujet si grave, lequel se renouvelle chaque
jour de mille manières diverses, et dans presque toutes les contrées de la terre. On me dira,
sans doute, ces thons qui vous fournissent
matière à discourir, ne sont que des bêtes.
Soit ! Mais de qui tiennent-elles la vie ? Est-ce
de vous ? Etes-vous capable d'animer le plus
mince insecte, de rappeler au jour celui que
vous avez anéanti ? — Non : — Or, tremblez
de votre témérité criminelle, et craignez les
suites de pareils attentats, dont les effets retom-
beront de plus en plus sur ceux des nôtres qui
nous succèdent : car ce n'est pas tant la mort
que vous donnez à un animal, à un cétacée
énorme qui constitue votre crime, que ces

mille milliards d'œufs jetés sur la plage, lesquels eussent à l'infini, depuis ce jour jusqu'à la fin du monde, produit des générations de pareils monstres, tous nécessaires comme nous dans les vues d'économie universelle instituées par la Nature. Eh! de quel titre nous étayerons-nous pour arguer du droit d'ôter la vie aux animaux, quand nous avons encore mille choses à substituer à ce genre de nourriture? Qu'on réfléchisse un peu sur les exactions de ce genre auxquelles notre main et notre argent contribuent, participent à tout moment, et l'on ne tardera pas à reconnaître combien cette conduite de notre part est contre nature, sur-tout si j'avais le loisir de traiter ici le *fait* et le *droit* relatifs à cette matière, ce dont je suis forcé de m'abstenir, cela pouvant nous mener loin, par l'ordre méthodique qu'il conviendrait d'y faire régner.

Le 8. Il est, ce matin, parti un convoi marchand pour Londres : que ne suis-je à bord de l'un des navires qui le composent et le faire marcher avec une célérité égale à l'impatience que j'éprouve d'y arriver ! — Il est enfin venu un *paket* avec lequel j'espère repartir.— On ne peut se figurer la dureté, la force, l'état robuste des cochers, des voituriers maltais, lesquels, pieds, bras et tête nus, tenant par la longe un cheval ou une mule attelée à une cariole, courent ainsi 25 à 30 milles, tant en allant qu'en revenant, bien que le soleil le plus ardent, les pierres, les rocailles leur brûlent, leur déchirent les pieds ! Cela ne serait en vérité pas croyable si on ne le voyait de ses propres yeux, ainsi que je viens de le vérifier en partie en me faisant, en plein midi, conduire d'ici à *St-Antonio*, campagne de M. le Général-Gouverneur. De même, les hommes employés au portage des marchandises, chargent sur leurs épaules des barriques, des fardeaux qu'on ne porte nulle part, en si gros poids ni en si grande quantité : jamais je ne vis personne d'aussi nerveux et musculeux que sont ces maltais, ces porte-faix ou hommes de charges. — Il y a long-tems que, pour la première fois, je me suis dit, *qu'originairement il ne devait y avoir rien d'inutile, de trop ou de stérile sur la terre.* Quelquefois je fis des réflexions à ce sujet en envisageant, dans les pays du nord de l'Europe, des pommes-de-pin avortées, ou pour mieux dire, sans fruit et tombées en pure perte sur la terre, puisqu'elles ne sont propres à rien par leur état dégénéré, abâtardi. J'attribuais leur transplantation, à un grand accident ou à un très-grandissime refroidissement de l'atmosphère, et par cette raison des astres, l'état de nullité dans lequel je les trouvais : aujourd'hui, par le plus grand de tous les hazards, je viens d'obtenir la justification de cette conjecture, en me procurant des pommes-de-pin venues dans ces contrées-ci, lesquelles produites par le même arbre que le pin des régions froides, contiennent de 80 à 100 amandes ou pistaches délicieuses, le fruit étant plus gros que ne sont les deux poings joints ensemble. Il en est de même de cet arbuste qui, en France, produit cette belle fleur rouge nommée *grenade*, lequel, transporté dans les régions chaudes, produit un fruit énorme plein de pepins juteux, sucrés et tant soit peu acidulés, ainsi que nous les trouvons dans les fossés des fortifications de cette place. — J'ai essuyé un coup de soleil sur le dos, hier en me baignant à la mer, dont je souffre beaucoup ; ce qui m'oblige à me coucher la face tournée contre terre pour pouvoir obtenir du repos pendant la nuit.

Le 9. Un incendie considérable, en apparence seulement, a eu lieu ce matin à l'arsenal. Il avait d'abord jeté l'allarme parmi les équipages des navires qui étaient mouillés les plus près de cet établissement : plusieurs même de ces navires fuyaient déjà à la faveur de leurs voiles, lorsqu'on apprit heureusement que ce feu, dont l'énorme et épaisse fumée , dont les indices étaient épouvantables, se réduirait à la perte de quelques charpentes, mâture, étouppe, barriques de goudrons, etc. En effet, cela s'est terminé par-là : après quoi les navires reprirent leur place précédente. On ne peut se faire d'idée du bouleversement que cet événement occasionna sur les ports , bassins et canaux , pendant l'espace d'une demi-heure, ni de l'effroi que dix mille cris à la fois causaient sur tant de bords et d'équipages differens : car nous avons ici , sur les 2000 vaisseaux qu'on estime être maintenant à Malte, des Portugais, Espagnols, Italiens, Siciliens, Calabrois, Vénitiens, Autrichiens, Dalmates, Grecs, Turcs, Levantins , Syriens, Egyptiens, Tuniciens , Algériens, Maroquins, Anglais, Américains , Russes, Suédois, Danois, Hollandais, Brémois , Hambourgeois, Lubecquois, etc. , dont le costume , le caractère de figure , la couleur , le langage différent, ce qui produisait le plus effroyable charivari , d'autant que l'on craignait qu'une poudrière ne sautât. Cet événement ayant attiré mes pas , fut cause que je vis une frégate turque qu'on répare audit arsenal , laquelle fut prise à l'affaire des *Dardanelles*.

Une frégate espagnole , se rendant à Fiume , entre en ce moment dans le port, en saluant le fort de 13 coups de canon, coups qui lui sont rendus immédiatement après.

Le 10. J'ai observé, hier soir, des marins

qui se baignaient dans les canaux pendant la nuit, lesquels, par leurs mouvemens, agitaient l'eau au point de faire croire qu'ils étaient dans une nue ou dans un tourbillon de feu phosphorique, de soufre embrasé. Les eaux de ces ports semblent encore être plus imprégnées de matières, de substances phosphoreuses que les autres lieux où j'ai déjà remarqué des effets à-peu-près semblables. — Enfin la maison *Lavoratori* se refuse de me seconder selon le vœu des lettres que je lui ai apportées, donnant pour raison qu'elles ne sont signées que du principal secrétaire de la maison *Adamitch*, en l'absence du propriétaire. J'offre en vain de déposer entre ses mains un contrat de *1062 ducats de Hollande*, souscrit à mon profit par une forte maison de commerce qui lui est connue; mais puisque je ne puis la décider à rien, je vais encore mettre la voie des sacrifices en usage.

Le 11. J'ai reçu trop de politesses de la part des ecclésiastiques de cette ville (qui me prennent pour un prisonnier de guerre de distinction), pour leur attribuer de bonnes intentions; car, d'une part, cela prouve (eu égard à la manifestation d'ailleurs de leur sentimens) le secret désir qu'ils ont de voir prospérer le *perturbateur* ; et, d'une autre, l'inimitié qu'ils portent aux possesseurs de leur île : pourquoi cela ? Parcequ'il y a conformité de religion entr'eux (au moins quant à l'apparence) et le premier ; tandis que, selon eux, il n'y a qu'*hérésie* chez les autres. Je crois donc, avec certitude, que quoique les anglais aient apporté avec eux à Malte, l'ordre, la fortune, la justice et la tranquillité, il n'y sont cependant point aimés, et cela est impossible, non-seulement pour les motifs que je viens de déduire, mais encore parceque tout ce qui n'est point prêtre, religieux, etc., ici (j'en exempte les anglais et autres étrangers) est ou frère, ou cousin, parent, ou au moins ami de ces gens-là; d'où il résulte qu'il n'y a qu'une coterie, qu'une opinion qui est et sera toujours pour l'expulsion de leurs bienfaiteurs, parcequ'ils ne sont point de la même religion qu'eux. Cependant je défie qu'on soit plus tolérant que n'est l'anglais, et, en même-temps, moins vexateur, exacteur, et qui soit en outre plus modéré pour les impôts. Mais tout cela n'est rien aux yeux de gens qui poussent le fanatisme jusqu'au suprême dégré, et qui ne voient qu'ennemis dans tout ce qui ne fait, ne pense point comme eux. D'après de telles dispositions de leur part, et désespérant de jamais les désarmer si j'étais à la place du Gouvernement anglais, je chercherais, par tous les moyens possibles, d'accroître d'anglais mêmes, la population de l'île de Malte, afin de dominer, de croiser les races, les opinions religieuses, et, par cet effet, les absorber à la longue ; soumettre le cœur et le sang, les habitudes et les préjugés des habitans : cela est facile à faire ; et, sans cette précaution, il devra toujours être sur ses gardes : car il nourrit un serpent dans son sein, en nourrissant ainsi des gens qui n'ont jamais pardonné et qui ne pardonneront jamais, sur-tout étant d'une origine aussi terrible, aussi cruelle que l'est celle Arabe, celle Sarrazine....

Le 12. Il vient d'arriver une assez grande quantité de prisonniers de guerre, faits en Calabre et dans les environs de Naples, par les troupes anglaises. On dit en outre qu'elles ont saisi 22 chaloupes canonnières dans les eaux de cette dernière ville. — Les habitans de ces pays-ci, loin de changer de chemise lorsqu'elle est mouillée par la sueur, la laissent au contraire sécher sur le dos. En effet , dans ces contrées , cela ne peut que raffermir la fibre , fermer les pores trop ouverts et donner du ton à la peau. — Je m'aperçois qu'il est impossible de trouver une personne grasse parmi les habitans , ni une bête ayant tant soit peu d'embonpoint parmi les chèvres , les moutons à large queue ou non ; les porcs , chiens , chats , volaille, etc. : tout n'annonce, ne peint que la maigreur. Effectivement , par une chaleur si excessive , il est impossible que les alimens profitent , une continuelle transpiration en emportant les sucs, les gaz volatils qui, d'usage, entrent dans ce qui a trait à l'économie animale.

Le 13. On ne pourra jamais se figurer combien de peines , de soucis j'ai dû éprouver et combien de démarches il m'a fallu faire pour arrêter , arranger ce qui est relatif à ma traversée d'ici en Angleterre, bien qu'à ce sujet, M. le Gouverneur-Général Ball , ait de moi exigé maintes écritures. Enfin me voilà à bord de ce *paket* tant désiré, *paket* qui va me transporter en Angleterre pour la somme de 60 guinées. Que d'argent pour un si court trajet! Car il n'y a pas plus de 8 à 900 lieues d'ici à Falmouth, port sur lequel nous nous dirigeons particulièrement. Je crois que le mieux de tout, pour trouver du courage pour l'avenir, c'est de toujours porter ses regards en avant, jamais sur le passé (à moins qu'il n'ait été agréable), passé qu'il faut presqu'en tout tems regarder comme si c'était un songe : sans quoi on serait très-souvent irrésolu et disposé à ne rien entreprendre d'ultérieur , sur-tout quand il n'y a d'autre obligation que celle que nous inspire l'amour du droit, de la patrie, du souverain légitime, et, en un mot, l'amour de tous les peuples et de leurs dignes et estimables

Monarques. On doit sentir que je ne qualifie point de ce titre, tous ces intriguans de rien qui s'en décorent pour le moment, mais qui, j'espère, le quitteront forcément, ainsi que le font tous les rois de théâtre.

Désignation du navire.

La Princesse Marie, brick neuf du port de 250 tonneaux, armé de 10 bouches à feu du calibre de 8. L'intérieur, outre deux salles, a encore 12 chambres particulières Les lits, les tables, les portes, les banquettes rembourées et les meubles, sont du plus bel acajou possible : le reste, en fait de glaces, de tapis, etc., répond à cette élégance.

Composition de l'équipage.

Nicolas Pockock, capitaine, et son frère pour écrivain. Un premier et second pilotes, un maître d'équipage, un canonnier-armurier, un charpentier, un voilier-gabier, un cuisinier, vingt matelots et mousses : plus, deux domestiques.

Des passagers.

Un colonel du 55 ou 57.me régiment d'infanterie anglaise ; trois négocians de la même nation, un négociant gênois, habitant Gibraltar, une dame anglaise et moi : plus un domestique.
Ce navire, encombré de toute espèce d'animaux, ressemble en vérité (à l'ordre près) *à l'arche de Noé.* Des chiens, des chats (les rats et les souris ne se comptent point); des chèvres laitières, des cochons, des moutons, des dindes, des oies, des poules, canards, pigeons, etc.,

tous vivans , obstruent tout le pont du vaisseau, lieu où ils sont cependant placés , encagés avec beaucoup d'intelligence. — Il est 7 heures du soir. On hisse à bord le canot du capitaine et l'on continue à faire voile ; car ce *paket* était déjà à la distance de deux milles du port, quand nous l'avons rattrappé. La presse que j'ai éprouvée à cet égard m'a empêché d'aller terminer mes affaires à la direction des postes, sans quoi j'eus manqué le bâtiment. Demain je donnerai des détails sur le régime ou traitement des passagers à bord.

Le 14. Nous n'avons pas plûtôt été hors de Malte, que la fraîcheur si naturelle à ces contrées-ci, lorsqu'on est en mer, est venue nous retrouver. — Le peu de vent que nous avons eu durant la nuit passée , nous laisse encore en vue de Malte et de l'île ou rocher de Gozo. — Quelle différence il y a entre les manœuvres qu'exécutent les anglais et celles des autres marins en général (les américains , leurs enfans , seuls exceptés) ! Les uns ressemblent à des maîtres consommés, quand les autres n'offrent que de mal-adroits écoliers. — Nous signalons un convoi marchand qui fait route vers Tunis. — On amarre plusieurs lests de fer à la malle , valise ou immense porte-manteau en cuir très-fort , très-épais , garni de chaînes cadenacées, contenant les lettres, paquets, dépêches, etc., et on le place en outre sur l'arrière du bâtiment, afin de pouvoir aisément le précipiter à la mer en cas de surprise. — A la nuit nous découvrons au sud, une île que je présume être *Linossa;* car je ne puis me procurer aucun renseignement à son égard. — Enfin voilà le vent qui commence à nous servir , à nous faire faire quelque chemin.

Composition de la table du capitaine et des passagers.

Déjeûner.

A 8 heures et demie ; café, thé, chocolat, œufs frais, confitures, viandes froides et chaudes, beurre, fromages, biscuit de diverses sortes, pain frais cuit à bord (grillé ou non); des sauces, des conserves au vinaigre, etc., le tout servi avec autant d'élégance que de propreté. Demande à boire qui bon semble.

Dîner.

A 2 heures ; potage et dix plats composés de ragoûts, grillades, rôtis, pâtés, légumes, pâtisserie, etc., accompagnés d'oignons cuits, de cornichons et quantité de sauces froides aux cerneaux, aux anchois, moutarde, etc. La boisson consiste en eau douce filtrée, en bierre, porter, vin de *Porto* et de *Marsalla* (en Sicile) sorte de Madère sec. Le dîner fini, on enlève le couvert, mais les vins restent sur la table, couverte alors, d'un tapis de drap vert, et l'on y ajoute des liqueurs fortes et douces, des fruits verts et secs, du fromage de Chester, etc.

Goûter.

A 7 heures du soir, on prend du thé et du café, accompagnés de beurre, fromage et petits biscuits de Sicile.

Souper.

A dix heures ; même répétition qu'au dîner avec cette différence qu'il n'y a point de potage.

Le souper fini, la nappe s'enlève, le tapis reste, et alors on sert les vins, des liqueurs fortes et autres, et au moyen d'eau chaude et froide, de citrons et d'oranges, chacun fait telle boisson il lui plaît.

Des appartemens.

Les chambres sont plus ou moins grandes. Les lits ne se composent que d'un cadre de bois d'acajou, sur lequel est fortement tendue une épaisse toile à voile, chacun étant dans l'usage d'apporter ses couchages à bord pour la traversée : seulement deux belles couvertures de laine très-blanches sont distribuées sur chaque lit, afin de faciliter celui qui n'aurait point, en propre, des effets de coucher. La salle à manger contient à l'aise 15 personnes à table. Le service se fait par deux domestiques intelligens, serviables et propres dans leur mise : chaque passager a droit à leurs soins. Les cuvettes, les pots de nuit, les boles, les tasses, etc., sont en porcelaine, et toute la verroterie en cristal. J'espère qu'au sein d'un tel ménage, d'une telle auberge ambulante, on peut voyager commodément, bien qu'à raison de 60 guinées par tête on puisse faire de pareils sacrifices pour la commodité des voyageurs. Il faut dire cependant que les dépenses de table sont aux risque et péril du capitaine : car si l'on reste long-tems en mer, on n'en paye pas plus que si l'on n'était que 15 jours.

Le 15. Nous rangeons, au nord, une partie des côtes de Sicile. — Nous apercevons des navires qui voyagent dans toutes les directions. — Nous avons toujours très-peu de vent — Je ne sais en vérité ce que les personnes avec lesquelles je voyage ont dans l'ame ; mais ce qu'il y a de certain, c'est qu'elles sont aussi réservées que silencieuses : d'où cela provient-il ? De ce qu'on est en guerre, de ce qu'elles exécrent *Bonaparte* et ses adhérens, et qu'elles se figurent que tout ce qui porte le nom de Français doit être mesuré à la même aune, bien qu'on pense comme elles sur ce chapitre. Quelle erreur est la leur ! Quelle sotte et injuste passion ! bien que, d'un autre côté, on ne puisse jamais être trop national ; mais, dans ce cas, il faut qu'une aveugle et inique prévention ne s'en mêle point : car alors c'est une sorte de crime. Il est bien surprenant que le nombre d'hommes raisonnables soit si peu étendu, sur-tout parmi des gens qui croient avoir tout épuisé, avec succès, pour polir les mœurs en général, toutes les facultés de leurs compatriotes ! Enfin, je sens qu'il faut prendre les gens pour ce qu'ils sont ; mais je dirai toujours qu'il est fort désagréable d'avoir par-là à désirer d'être aussitôt séparés que réunis.

Le 16. Nous rangeons toujours la Sicile, en la longeant dans sa partie sud. Ou elle est d'une longueur sans égale, ou nous faisons bien peu de chemin, ou enfin ma patience est trop courte ; car je ne m'aperçois pas que nous avancions beaucoup. — Cette Sicile tant vantée par les anciens et même par les modernes, n'offre à l'œil que l'aspect de la sécheresse, de la stérilité, bien pourtant qu'on assure que l'intérieur est très-fertile. — Combien le commandement des manœuvres à bord des navires anglais est brusque ! Quel air dur, fier et sévère ont tous ces marins ! — L'ordre, la propreté, l'intelligence et la surveillance sont ici portés à la dernière perfection. Le capitaine et ses officiers ne discontinuent point jour et nuit d'avoir la lunette-longue-vue à la main, quand d'un autre côté les matelots ne quittent point les cables , afin de pouvoir user du vent à mesure des diverses impressions qu'il peut déterminer sur nos voiles. Ce qui me plaît encore ici , c'est l'air, la tenue décente de tout chacun. En général les anglais me paraissent vifs, actifs , spirituels , mais défians à l'excès.

Des feux , des lumières que nous apercevons à la côte depuis qu'il fait nuit, nous préviennent que nous ne sommes pas éloignés de *Girgenti*, *l'Agrigente* des anciens. Demain nous y débarquerons un paquet pour la poste, lieu où nous reprendrons des dépêches.

Le 17. Nous sommes toute la nuit , restés en panne devant *Girgenti* , ville bâtie sur le penchant d'une colline située à la distance de deux milles du rivage de la mer. Elle paraît être dans une très-agréable situation. Ses environs sont verdoyans et remplis d'arbres fruitiers , d'arbustes , de végétaux divers, etc. — Encore qu'on ne fasse que toucher terre dans un petit port en face de la ville , à l'effet d'y remettre et recevoir les dépêches, je n'en vais pas moins y poser le pied afin de pouvoir dire , avec certitude, que j'ai touché le sol sicilien. — Un courrier de la Cour de Palerme, allant en Sardaigne et à Londres, se joint à nous.

Le 18. Depuis hier un vent contraire nous tient en vue des côtes sud-ouest de Sicile, bien que nous les eussions dépassées. — J'ai remarqué, en différentes occasions, que les corps lumineux, vus dans la direction de l'horison, quand ils se lèvent ou se couchent, sont plus foncés en couleur que lorsqu'ils sont perpendiculaires : pourquoi cela ? Parcequ'alors une masse d'émanations terrestres s'élevant perpétuellement aussi dans cette direction horisontale,

établit.

établit, entre ces corps célestes et nous, une couche d'air épaisse, chargée de particules diverses qui, n'étant point purgée, départie, épurée ainsi qu'elle l'est lorsqu'elle est parvenue dans les régions hautes de l'atmosphère, nous trompe à cet égard en nous faisant croire que ce sont les astres qui sont chargés en couleur, quand ce ne sont réellement que les émanations qui s'échappent perpétuellement du globe terrestre, ainsi qu'il en est de tous les corps, bien qu'elles soient insensibles, inapparentes dans la transsudation des agens particuliers de la nature, leur être étant au globe terrestre moins que n'est un grain de sable à toute l'étendue des mers. Ce n'est donc que par l'interception ou obstruction aériforme dont dont je viens de parler ; ce n'est que parceque cet air compact est infiniment plus épais que n'est celui que nous avons au-dessus de la tête, que les astres nous paraissent si foncés vus à l'horison comparativement à la teinte qui les caractérise à mesure qu'ils s'élèvent dans l'empyrée, et, à plus forte raison, lors de leur approche ou de leur passage au méridien. C'est l'effet que nous remarquons quelquefois en automne par l'exaltation de certains brouillards, lesquels vus dans une direction horisontale, sont quoiqu'epais très-dégagés, moins chargés dans leur partie supérieure : parcequ'alors les particules grossières dont ils sont chargés ne se joignent point ou plus à celles dont le sein terrestre accouche continuellement, ainsi qu'on le vérifie à vue nue, en été, quand sous le nom d'exhalaisons elles s'échappent, en forme de colonne, de fumée légère, de flammes aériennes, des champs, des terres, etc.

Le 19 Aujourd'hui nous sommes en calme plat ; cette circonstance fait que chacun est

F

inactif, le maître canonnier seul excepté. J'espère néanmoins que ses dispositions offensives et défensives tourneront en pure perte, bien qu'on nous ait prévenus qu'il y avait des corsaires rôdant dans les eaux de la Sardaigne.

Nous sommes toujours en vue du cap *Felo* et *Marsalla*, points les plus extrêmes à l'ouest de la Sicile, lieu où l'on récolte cet excellent vin jaune ou paillé que nous buvons au dessert. — Une légère brise qui s'élève en ce moment va, j'espère, nous faire perdre de vue les îles de *Trépani*, de *Marétimo* et de *St-Pantaléone*. C'est dans ces lieux, dit-on, que sont envoyés les criminels à l'effet d'y expier leurs forfaits. — Un vaisseau marchand, sous pavillon anglais, se rendant à Malte, passe à une portée de fusil de nous.

Le 20. Nous voilà enfin hors de vue des côtes de Sicile et des îles qui en dependent : il était en vérité pénible de rester si long-tems à l'aspect de ces terres désolées par un état sec et aride, par un extérieur vraiment attristant.

Le vent, tout fort qu'il est, devient très-contraire et grossit excessivement les vagues, au point que tout l'avant du navire en est submergé. — Je paie encore un tribut à la mer, tant par des maux de cœur que par une suppression d'appétit : heureux encore de n'être jamais atteint de vomissemens, ainsi que cela arrive à beaucoup de personnes.

Le 21. Aujourd'hui nous voilà tombés dans un calme plat; et pour la première fois, depuis mon départ de Fiume, je vois l'air se charger de vapeurs, le tems se couvrir en nous procurant une pluie qui dure une demi-heure. Le vent se lève et devient favorable. — Les pierres à filtrer qu'on a à bord des vaisseaux anglais sont aussi utiles qu'agréables, en ce que l'eau

qu'on y met en sort aussi limpide qu'est celle
de roche, ce qui la rend saine, outre qu'elle
est appétissante. — Il est à remarquer que lorsqu'on est à table, si un anglais veut faire une
honnêteté à un convive, il lui propose de boire
à sa santé (ce qui ne se fait qu'avec du vin) :
alors il emplit son verre, passe la bouteille à
son adversaire qui en fait autant, puis faisant
une inclination de tête, ils vident en même
tems leur rasade. Se servir ainsi le premier
lorsqu'on a la bouteille près de soi, me paraît
être chose très-naturelle, bien que chez nous,
lieu où tout est rafinement, cela passât pour
une grossièreté, un manque d'usage et de savoir
vivre.

Le 22. Poussé, durant la nuit, par un vent
agréable, nous voilà en vue de l'île de Sardaigne. — Nous découvrons parfaitement *Cagliari*,
capitale de ce lieu et résidence actuelle du
Roi. — Quantité de barques voltigent de toutes
parts : une centaine de navires paraissent occuper le port et la rade. — Il est neuf heures du
matin : nous jetons l'ancre à une portée de
canon de la ville. — Un officier et 4 rameurs
se contentent de venir nous demander qui nous
sommes, et s'en retournent incontinent après.
Je suis ennemi des formalités, néanmoins cette
démarche me paraît insuffisante en tems de
guerre, et notre subite admission dans la place
sans exhibition d'aucun papier, d'aucune expli-
cation, ressemble à une imprudence très-blâ-
mable. — Je regrète que l'état resserré de ma
chambre m'ait forcé de jeter à la mer des coquillages et autres productions marines; car j'aurais pu ici y ajouter encore quelque chose
propre à exciter la curiosité d'un amateur de
tels objets, auquel j'en eus, par la suite, pu
faire présent. — Cagliari est aussi mal bâti et

pavé que le sont ordinairement les anciennes cités. Les rues sont étroites, les maisons assez basses, inalignées, excepté en deux seuls endroits, et le pavé n'est propre qu'à se casser le cou. Cependant je ne regrète pas d'y être descendu, parcequ'il y aura, cette après-dînée, une fête à l'occasion de la bénédiction du drapeau d'un bataillon nouvellement organisé, cérémonie à laquelle assistera le Roi. Je serais fort aise de voir ce Prince duquel on dit tant de bien. — La chaleur répercutée dans la pierre qui constitue les maisons et les pavés (outre que l'île est très rocailleuse), est plus considérable que je ne l'eus pensé. La nudité et la sécheresse des côtes sont les mêmes qu'en Calabre et en Sicile : néanmoins, outre du poisson de mer et des coquillages, le marché offre encore quelques fruits et legumes On croira difficilement que les oignons (tous, rouge-pourpré ou blanc comme lait) ont de 6 à 7 pouces de diamètre. — Les chars des campagnards n'ont que deux roues fixées à un essieu, lequel emboîté dans le corps du char, tourne sur lui-même au moyen des efforts que fait l'homme ou le cheval qui est chargé de le conduire. Comme l'on voit, ce sont les roues unies à l'essieu qui tournent avec lui, tandis que chez nous il n'y a que les roues seules qui soient mobiles. Ce char est petit ; mais il est, sans contredit, celui dont se servaient les Grecs, les Romains, etc. ; et il paraît qu'il a, sans altération, été par eux transmis aux habitans de la Sardaigne actuelle. Le bord de chaque roue (laquelle est de charpente pleine, sans jantes ni raies et seulement de l'épaisseur de 2 pouces) est recouvert d'une bande de fer crénelée, précaution sans doute nécessaire pour pouvoir agir sur des pierres éparses et dures, ainsi qu'on les trouve de toutes parts en cette île. J'ai vu aussi, sur des mariniers et des campagnards, une sorte de vêtement à la *romaine :* c'est une espèce de caleçon très-large d'etoffe noire, ne descendant seulement qu'au-dessus du genou, et lequel ressemble en tout à un petit jupon comme le portent encore les troupes écossaises. Il s'attache au-dessus des hanches par le moyen d'une très large ceinture de cuir et d'une boucle de métal, ce qui lui donne l'air de cette tunique ou jupon que les troupes romaines avaient partant de dessous leur cuirasse. Le reste de la partie inférieure du corps; c'est-à-dire, les pieds, les jambes restent nuds dans ces contrées-ci, lieu où toute espèce de vêtement est incommode par lui-même. Quand on songe que la *Corse* et la Sardaigne furent, dans les tems passés, des lieux de déportation pour les criminels romains, ainsi qu'il en fut depuis pour ceux d'Angleterre qu'on établit, tant sur les côtes septentrionales de l'Amérique (aujourd'hui les Etats-Unis), qu'à la nouvelle Hollande (à Botany Bay), et qu'on considère qu'à l'exception de l'invasion des Arabes, Maures ou Sarrazins, la Sardaigne n'a eu aucune communication avec les autres pays, on n'est pas étonné d'y retrouver encore, après tant de siècles, des usages inaltérés, mais sur-tout à l'égard des chars, chars que la nature pierreuse et montueuse de l'île semble requérir de préférence à tout autre.

Il est inconcevable que toutes les régions qui avoisinent la Grèce, la Turquie d'Europe et d'Asie; les côtes d'Italie, d'Afrique, etc., bien quelles soient très-chaudes, n'offrent presque pas un seul homme de faible complexion ! Pourquoi cela ? Parceque, ce sont des arabes, des gens qui, suivant la loi de Mahomet, ne boivent point de vin ni de liqueurs fortes, ont peuplé ces diverses contrées : d'où l'on peut, par comparaison avec les hommes des autres pays, où l'on ne prise point l'usage de l'eau, combien est sagace l'article du *Coran* qui défend aux musulmans de boire ce vin et ces liqueurs qui font nos délices, mais qui tuent par anticipation et dégénèrent les nations. — Je viens de voir des mariniers et des gens de campagne, habillés d'une singulière manière, sur-tout dans un pays si chaud. Indépendamment de la chemise, ils ont encore sur le dos une espèce de très-longue et très-large veste sans manche, descendant jusqu'à mi-cuisse, faite de peau de mouton pourvue de sa toison. Le dessous (car la laine reste en dessus, ce qui leur donne l'air de béliers), ce qui repose sur la chemise ou sur la chair quand on n'en porte point, est par-tout doublé en cuir, cuir qui n'est pas moindre en épaisseur qu'une semelle de botte. Surpris de voir un tel accoutrement, sur-tout en été, j'en voulus connaître le motif; on me répondit que ce vêtement était destiné à parer la chaleur, les rayons du soleil et procurer une fraicheur permanente aux marins, aux paysans et autres qui le portent. J'en ai fait l'épreuve et me suis effectivement convaincu de cette vérité si trompeuse par ses apparences. Maintenant je conçois pourquoi l'Espagnol s'enveloppe d'un manteau de drap pendant l'été.

Le grand concours de monde, dans les rues où le Roi devait passer était tel, que je n'eusse certainement rien vu de la cérémonie, sans madame le comtesse de ***, dame d'honneur de la Cour, qui, en ma qualité d'étranger (bien qu'elle fût française aussi) eût la bonté de me faire prendre place à l'une de ses croisées. Après la figure respectable du Roi, ce qui

m'a le plus occupé, ce sont les élégans cos-
tumes des dames, parmi lesquelles j'en ai remarqué plusieurs d'une beauté ravissante, bien
pourtant que le teint, la carnation, les grands
yeux noirs, les sourcils, les cheveux de la
même couleur, de beaucoup de personnes des
deux sexes, décèlent comme à Malte un alliage
de sang étranger. — En revenant à bord nous
avons trouvé la mer si grosse que nous avons
couru risque de voir à plusieurs reprises cha-
virer notre canot. — Il est 8 heures du soir :
nous remettons à la voile par un vent très-
favorable.

Le 23. Nous avons fait tant de chemin pendant la nuit, que nous avons perdu de vue
la Sardaigne au point de ne plus découvrir
maintenant que les sommités des îles d'*Antio-
cho* et de *St-Pierre* dépendantes du même état.

Le 24. Nous sommes en calme depuis ce
matin. — Nous signalons un convoi de 30 voiles escorté par deux frégates et faisant route
à l'est. Nous échangeons avec elles nos signaux
de reconnaissance. — Le vent nous gagne, mais
il est contraire. — Le tems se met à l'orage.

Le 25. La violence d'un vent contraire s'est
accrue au point que le navire et nous, fati-
guons beaucoup. — Toute la journée une quantité considérable de thons ont suivi notre bâtiment sans qu'il nous ait cependant été possible
d'en prendre aucun, quelque tentative on ait
faite à ce sujet.

Le 26. Nous avons si peu de vent depuis
ce matin que nous ne filons pas deux nœuds à
l'heure. — Nous venons d'avoir une alerte.
Un bâtiment que nous signalions et qui avait
l'air de nous éviter en fuyant vers le sud, est
incontinent venu nous couper le chemin et cela
sans daigner répondre à nos signaux. Cependant

un coup de canon de chez nous, tiré sur lui à boulet, lui a fait, à regret à ce qu'il paraît, hisser pavillon américain. D'après ce que le capitaine de ce navire a repondu au nôtre, lorsqu'il est passé sous notre proue, prouve qu'il est de *Salem* en Amérique; et effectivement lorsqu'il fut dépassé, nous vîmes inscrit en gros caractère sur son arrière: *Telemachus of Salem,* ou le Télémaque de Salem. Il a très bien fait de se décider à arborer son pavillon; car persistant, à cause de sa marche et de sa construction, à le considérer comme un corsaire, nous avions déjà charge à boulet, et mis toute l'artillerie en batterie, outre l'apprêt sur le pont de piques, de pistolets, de sabres d'abordage, etc.

Une nuée de poissons-volans s'élèvent en masse à l'aide d'un vent sud-est : leur nombre est incalculable même par approximation, mais ce qu'il y a de remarquable, c'est l'ensemble qu'ils mettent pour opérer cette ascension, et pour retomber ensuite dans l'eau. — Je viens encore de remarquer une nouvelle espèce d'oiseau de proie de mer, de la forme d'un canard, mais ayant le bec crochu.

Le 27 Quoique le temps ne soit pas trop favorable, nous faisons cependant un peu de chemin. A la nuit, nous découvrons les côtes d'Afrique, dites de Barbarie.

Le 28. Nous découvrons une très-grande étendue de côtes africaines; mais le vent est contraire et d'une violence outrée. — Nous avons une soirée superbe, un clair de lune charmant; mais que sont ces petites indemnités, contre l'ennui que procure une navigation si lente, si contrariée? D'ailleurs, si les gens avec lesquels je me trouve ici, ont diverses qualités à mes yeux, elles sont bien balancées par des défauts qui ne peuvent plaire à un homme qui

comme moi, est franc, sincère, gai, commu-
nicatif; car ces Messieurs (je parle de ceux qui
sont à notre bord : car il serait inconséquent
et injuste à la fois de juger une nation qu'on
ne connaît point en particulier, sur quelques-
uns de ses membres qu'on trouve par hasard à
l'écart), outre qu'ils s'appliquent à des inconvenances qu'un autre appellerait grossièretés,
saletés (telles que de roter, se moucher dans
ses doigts, etc.), d'autant qu'elles sont volon-
taires, ils sont encore d'une tristesse, d'une
rigidité sur l'observance de leurs usages vraiment pénibles. Je remarque qu'indépendamment de cela, à l'exception d'un jeune négociant
de Liverpool, nommé *Gilchrist*, il y a entr'eux
une sorte de concert qui a pour but d'épi-
loguer tout ce que font les étrangers qui sont
ici, pour le leur reprocher avec emportement,
avec passion, si ce qu'on fait est contraire à
leurs manies, à leurs habitudes ou leurs conventions : car j'ai remarqué qu'ils ont fumé,
sifflé, frédonné, se sont rasés, lavé les mains et
la figure dans la chambre bannale, et cependant
ils en font un crime à notre Sicilien, à qui ils
viennent de faire sur cet article de grossières
remontrances. Il est triste de voir une pareille
conduite de la part de personnes qui ayant été
à même de profiter de l'éducation qu'elles ont
reçue, en font cependant un si mauvais usage;
car si elles avaient tant soit peu d'équité, de
raison, de probité, elles se diraient, qu'un *paket*
étant une voiture publique, et sa table une table
d'hôte, chacun a le droit de se livrer aux façons dont on use dans son pays, surtout quand
elles ne sont point ridicules. D'ailleurs, comme
je leur en ai fait la remarque, si quelqu'un a
caractère à faire des observations, c'est le capitaine, lequel étant ici maître d'hôtellerie, au-

quel chacun paie le même prix, pour avoir les mêmes droits, est seul fondé à faire des remontrances, s'il devait jamais y en avoir à faire. Si, avant d'approcher de la table, votre chapeau n'est point ôté, si vous vous servez de la même assiette pour manger de deux sortes de mets, si vous prenez du sel, du beurre, du fromage avec votre couteau, ou qu'avec cet instrument vous coupiez du pain, sans vous servir de celui destiné à cet effet ; si comme le fait notre Génois et le Sicilien, vous dites votre *benedicite* et vos *graces;* si enfin avant de dîner vous prenez un verre de liqueur forte pour vous mettre en appétit (ce qu'ils ne font point habituellement) vous êtes sûr de voir décomposer leurs figures, faire des grimaces et devenir rouges de colère pour l'une de ces inconvenances (auxquelles j'en pourrais ajouter cent autres aussi innocentes en voyage) : ensuite vous devenez entr'eux un sujet de critique, de plaisanterie pour le reste de la journée. Je crois que si on en usait ainsi à leur égard dans les diverses contrées de l'Europe où ils vont par fois porter leurs pas , leur ennui et leur tristesse, ils ne seraient point tentés de voyager souvent. Quoi qu'il en soit , je verrai avec plaisir finir notre traversée , ce qui me dispensera d'éprouver des regrets tels que ceux que je ressentis chaque fois que je quittai d'aimables compagnons de voyage, fussent-ils Allemands , Polonais , Russes , Turcs, Arabes ou Tartares.

Le 29. Nous signalons un gros navire marchand portant pavillon américain et faisant voile à l'est. — Une multitude de poissons, du poids de 40 à 50 livres , couvrent une partie de la surface des eaux , parmi lesquelles nous passons avec trop de rapidité pour pouvoir essayer de les harponner. — Un oiseau de même forme que l'hirondelle de terre , mais six fois plus fort, se pose avec une légéreté, une précaution inouie sur la surface de la mer, pour y saisir quelque nourriture A la façon dont cet oiseau et tous ceux de son espèce opèrent , on voit qu'il n'est point aquatique , car il ne chercherait point à éviter de mouiller la moindre partie de son plumage. — Un vent arrière nous fait faire 7 milles à l'heure.

Le 30. La propreté est telle parmi ces anglais que , jusqu'aux matelots (autant par habitude , par orgueil que par plaisir ; car ils n'y sont nullement forcés) , outre qu'ils se rasent tous les jours , ils se baignent encore (dans une cuve) et se savonnent le corps de la tête aux pieds , sans en omettre les cheveux , au moins une fois par semaine. C'est sans doute à ce régime qu'ils doivent une partie de leur santé , cet air net et propre qu'on remarque avec tant de plaisir en eux. — La nuit nous amène une tourmente causée par un vent contraire qui est bien pénible à supporter. — Nous signalons une frégate qui fait route dans la direction d'Alger.

Le 31. Nous sommes toujours harrassés par un vent d'ouest. — Nous voilà en vue du cap de *Gates ,* côtes d'Espagne. — Nous signalons au nord deux vaisseaux portant pavillon grec. — Le tems devient très-mauvais : nous allons nous coucher pour ne pas dormir sans doute.

Le 1.er août. Nous avons été horriblement battus toute la nuit, tant par un vent d'ouragan et contraire, que par des vagues d'une hauteur épouvantable — Nous avons perdu de vue les côtes d'Espagne : nous voilà rejetés en pleine mer.

Ce détestable tems continue et s'accroît de

minute en minute au point qu'il n'est plus possible de se tenir de bout nulle part. Cependant,
ainsi que cela est d'usage au lever et au coucher
du soleil, il faut que les mousses aillent à la
découverte au haut des mâts. Ces pauvres enfans seraient vraiment à plaindre de faire si
bonne heure un si dur, si périlleux métier, s'ils
ne s'en faisaient un jeu, un objet de rivalité,
d'agrément qui leur plaît : à leur aise ! Quant
à moi je n'envierai jamais un pareil genre de
récréation, de divertissement, bien que d'ailleurs ce genre de surveillance de la part de
ces enfans, mérite des éloges et soit avec tout
ce qui a rapport au service du vaisseau digne
d'être cité. — Les flots grossissent tellement
que les trois quarts du pont en sont couverts ;
et par l'effet du choc qui en résulte l'eau s'élève
par fois à la hauteur des mâts. — Loin d'avancer
nous rétrogradons depuis ce matin. — Dans la
crainte que les hommes qui sont au gouvernail
ne soient emportés ou assommés, étant jetés
aux bordages par les vagues, on vient de les
amarrer à l'aide de deux cables. — Nous voilà
encore une fois sur les côtes de Barbarie : nous
n'en sommes plus qu'à une portée de canon.
Quel aspect ont ces côtes, ces rochers immenses
qui bordent le rivage ! Quel coup d'œil offrent
toutes ces crevasses, ces ravins effroyables,
antres du lion, du tigre et autres bêtes meur-
trières ! — Ma santé s'altère de nouveau. — Il
est 6 heures et demie du soir ; après nous avoir
jeté entre des récifs, le vent vient de cesser
tout à coup. La mer est d'une hauteur prodigieuse : elle paraît noire comme de l'encre. Le
calme qui vient de succéder si promptement
aux sifflemens de la tempête fait éprouver dans
l'ame je ne sais quel effet ; mais il est de nature
à conduire au recueillement, à la méditation,

à l'obesrvation. Ce calme, ce silence, ces grosses vagues noires balancées par masses longues; cette approche de la nuit, ces nuages fréquens, enfin cette proximité des côtes de l'etat de Fez, sans doute, lieu d'où nous voyons distinctement descendre en silence un grand nombre de Maures, d'Arabes de tout âge et sexe, à l'effet de nous saisir si nous échouons, nous piller, nous faire captifs : tout cela ne présage rien de bon. — Il est 7 heures 20 minutes. La mer fatiguée est toujours dans le même état; c'est-à-dire très-mobile et ne semblant reprendre haleine que pour faire de nouveaux efforts, et enfin, pour en terminer, nous précipiter sur ces écueils que nous évitons de notre mieux, bien que tout chacun soit rendu. — A 7 heures et demie le vent fraîchit; il est vif, piquant; à son aide et à celle de la hauteur de la mer, nous sortons miraculeusement des passes difficiles dans lesquelles nous étions jetés, affalés. La lune se lève, le vent et les nuages se multiplient : nous sommes forcés de courir nord dans la direction du royaume de Grenade. Nous avons, dans cette demi-obscurité, perdu presque de vue les côtes d'Afrique. Adieu infâmes scélérats, barbares exécrables qui, tout à l'heure, comptiez sur nos dépouilles, sur le prix de chacune de nos têtes : vous ne ferez aucun butin avec nous ; et si nous périssons, comme nous avons viré de bord, cela ne sera qu'en pleine mer, et non entre vos mains profanes, sacrilèges, criminelles.

Le 2. Quelle infernale profession et invention que cette navigation tant vantée par des gens qui, ne sortant pas de leur cabinet, sont par-là susceptibles d'être trompés à cet égard par des menteurs, des méchans ou des enthousiastes irraisonnables ! car les derniers de tous les brigands seraient même à plaindre d'être contraints, par la force, de faire cet abominable métier. A quoi la cupidité, l'orgueil, le luxe et mille autres vices de ce genre n'ont-ils pas réduit l'homme policé pour se satisfaire ! car la privation de choses exotiques n'est que de pure habitude, et dès-lors n'est point de nécessité absolue, même ce ne sont que des besoins factices qui nous font désirer des produits étrangers ; car il n'est aucun pays qui ne se passât des autres s'il le voulait bien, en réduisant ses désirs, ses besoins à ceux purement naturels, à la simplicité digne de l'être raisonnable. Mais c'est prêcher à des sourds que de tenir ce langage : il vaut beaucoup mieux se taire, en se bornant à blâmer, mépriser, et, de pitié, hausser les épaules. — Hier à 7 heures du soir le soleil disparut ; une espèce de calme atmosphérique sembla succéder au gros tems en nous donnant l'espoir de pouvoir un peu nous remettre de nos fatigues : point du tout ; 3o à 4o minutes n'étaient point expirées, qu'un vent de nord-ouest que rien ne saurait décrire, nous assaillit de telle force que nous crûmes cent fois devoir sombrer sous voile : après quoi changeant tout-à-coup de direction, il nous porta, avec une violence extrême, des côtes d'Afrique à celles d'Espagne, dans les parages de Malaga, lieu où nous fûmes, une partie de la nuit, battus des vagues et de l'ouragan.

Notre engloutissement paraissait inévitable : toutes nos voiles étaient serrées ; nos marins, quoiqu'épuisés par mille fatigues diverses, faisaient des efforts inouis ; par-tout régnaient le désordre, la confusion, l'épouvante. Des boulets jetés hors des boites, circulant constamment sur le pont, lieu où se brisaient cependant des vagues énormes, imitaient les roulemens du

tonnerre ; les animaux par leurs cris , par leur
agonie, ajoutaient à ce tumulte, à ce tintamare ;
dans l'intérieur du navire tout était *sens dessus
dessous;* enfin , *gens et bêtes*, chacun était accablé de peines, de maux particuliers. Dans cet
état déplorable, nous invoquions l'arrivée du
jour, espérant, d'une part, que cela dissiperait
les horreurs de notre situation , ou au moins y
ferait diversion, et, d'un autre, que le vent
changerait d'aire à son approche ; mais au contraire, le vent, la tempête viennent de s'accroître avec le lever du soleil ; les flots, d'une force,
d'une masse à moi inconnue jusqu'à cet instant ,
nous assaillent de nouveau, en traversant et ba-
layant tout ce qui n'étant point fortement amar-
ré est sur le pont. Je ne sais en vérité où tout
cela va nous conduire ! néanmoins , je m'aperçois qu'on s'habitue à tout : car l'expérience
qu'on acquiert diminue les allarmes ; c'est pourquoi partie de nos gens, tout abattus qu'ils sont
physiquement , ne paraissent cependant point
l'être moralement : en effet, à quoi serviroit
d'envisager le péril dans lequel on se trouve dans
de telles circonstances ? à aggraver son mal, et
à perdre le degré de calme raisonnable qu'il
convient de posséder, pour tirer partie de sa
dernière heure, en cas d'accident.

Néanmoins, je ne puis dissimuler que le bruit
sourd des vagues et du vent font presque frémir :
car c'est une dure situation que celle que procure une tempête aussi furieuse ; mais comme
je l'ai dit, quand on considère la figure sereine
des matelots familiers avec le péril, la crainte
vous abandonne, pour être incontinent rem-
placée par une curiosité bien excusable (puisqu'il y va de notre vie) , qui vous porte à tâcher d'observer ces vides immenses qui s'opèrent par le déplacement des vagues, lesquelles

un instant après vous transportent au sommet d'une montagne liquide d'aumoins 75 à 80 pieds de hauteur. Ensuite de quoi, d'autres vagues intermédiaires, courant horizontalement, viennent onduleusement et à la sourdine, se briser avec force sur le pont, contre le navire, et par leur rencontre, font jaillir à une hauteur prodigieuse, des torrens d'eau qui submergent de toutes parts. Cet affreux spectacle né d'élémens contrariés, est en vérité bon à voir une fois, afin de pouvoir s'en faire une idée exacte, et par la suite être à même de juger par expérience de ce qu'éprouvent ceux qui sont dans le même cas. À travers tant de fracas, c'est néanmoins parmi des meubles brisés, des malles , des caisses renversées, sur lesquels, parmi lesquels je me cramponne comme je le puis, que je parviens, au moyen de mon crayon, à écrire cet article, tantôt en lettres de 6 pouces de longueur, tantôt en caractères si mal dessinés, que je doute si je pourrai m'y reconnaître, bien que j'aie pour principes, dès que le temps se calme, de remettre à l'encre ce que j'ai été forcé d'écrire au crayon. — La nuit approche, il n'y a encore nul changement à notre situation : nous ne sommes cependant qu'à deux portées de fusil des côtes d'Espagne, au haut des montagnes desquelles nous distinguons une neige qu'on dit être perpétuelle. — Nous signalons un bâtiment marchand sous pavillon anglais, courant à l'est; mais nous qui fesons route dans un sens inverse, nous n'avons pas si beau jeu que lui : et la nuit étant arrivée, nous allons virer de bord pour regagner la haute mer, afin d'éviter par-là d'être brisé à la côte pendant l'obscurité : bon soir ! dormira qui pourra.

Le 3. La tempête, ou les élémens qui la constituent, usés dans leurs ressorts, commencent enfin

enfin à faiblir, ce qui nous donne l'espoir de pouvoir nous remettre aujourd'hui des cruelles fatigues que nous avons essuyées depuis avant-hier surtout. — Nous nous avançons tellement vers le détroit, que nous voyons, ou croyons voir déjà, et à la fois, les côtes d'Espagne à droite, et celles d'Afrique à gauche. — Au soir, nous tombons dans un calme complet : tant mieux ! nous aurons au moins une bonne nuit, si durant cette nuit le tems ne change point ; car, à la mer, on n'est point sûr, de deux heures en deux heures, du tems qu'il fera, des manœuvres qu'on devra exécuter; enfin de la route qu'on pourra tenir.

Le 4. Nous n'avons pas fait un demi-mille de chemin durant la nuit. Le calme continue au point que la surface des eaux est unie comme l'est une glace. Le tems est au-dessus de tout ce qu'on peut dire, tant il est délectable, ce qui néanmoins doit être en général le partage de toutes les régions que j'ai dû parcourir depuis Fiume jusqu'ici, et notamment dans une saison si favorable. — Ces oiseaux, gros comme un pigeon, ressemblant par la robe et la conformation à des hyrondelles, reparaissent en grande quantité sur les eaux, lieux où ils viennent, avec une délicatesse admirable et des petites manières (qui démontrent qu'ils redoutent de se mouiller), saisir des alimens. — Ce soir, après le coucher du soleil, toute la partie ouest du firmament, durant une heure entière, a été embrasée des feux les plus riches, les plus beaux. — Une rosée des plus considérables mouille tout, dès qu'au soir le soleil est arrivé à l'horison : cela doit être d'un prix incalcula-ble dans ces contrées-ci, tant d'Europe que d'Afrique.

Le 5. Nous voilà enfin remis en route, ce

G

qui nous fait apercevoir ce fameux roc nommé
Gibraltar, si elevé au-dessus du niveau de la
mer. La tour aux signaux étant à l'extrêmité
de son sommet, est en quelque sorte à perte de
vue. Nous signalons en outre des navires de
tous rangs qui voguent dans toutes les directions Nous découvrons aussi l'établissement
de Ceuta, ainsi que cette partie des côtes d'Afrique qui font face à Gibraltar, partie si improprement comparée, soit par des fous ou des
enthousiastes, à l'une *des colonnes d'Hercule*.
Quand l'on considère cette masse énorme de
rochers dont se compose Gibraltar, et qu'on
examine attentivement sa situation isolée, forte,
presqu'inaccessible, on ne peut concevoir comment un Gouvernement aussi humain que sage
a jamais pu, dans les tems passés, songer à faire
le siège de cette place, sur-tout n'étant pas
maître de la mer ! Au surplus, à qui convient
ce bel et inexpugnable emplacement, et pour
qui peut - il être de quelqu'importance, si
ce n'est pour les Anglais, dont l'éloignement
de la métropole les oblige à avoir, dans ces
régions-ci, un point de réunion, de réparation,
de ravitaillement ? car il faut être réellement
jaloux, sans raisons plausibles ni qui vaillent
quelque chose, pour leur envier cet établissement, lequel ne paraît être propre qu'à leurs
affaires. — Nous arrivons à 7 heures du soir et
jetons l'ancre dans une des plus belles rades du
monde, parmi une multitude de navires de
tous genres.

Le 6. Le détroit de Gibraltar est beaucoup
plus large que je ne me l'étais figuré ; car, sur
mon estimation, il n'a pas moins de trois milles.
Néanmoins si tous les vaisseaux qui y passent,
soit en allant dans la Méditerranée ou en en
revenant, étaient obligés, contraints de verser

à ce passage seulement dix quintaux chacun de pierres ou de rochers , et qu'en outre on y coulât de tems en tems de vieilles carcasses de navires également chargées de pierres , je ne doute point qu'en moins de 5o ans on ne le rendît inpraticable aux vaisseaux de guerre , et même qu'on ne parvînt à le boucher entièrement , ce qui faciliterait les moyens d'unir par-là l'Europe à l'Afrique. — Quand nous serions des profanes aux yeux desquels on voudrait dérober une chaste vierge, la partie supérieure de ce roc qui domine la ville à une si prodigieuse hauteur, ne serait pas mieux enveloppée qu'elle ne l'est ; car un nuage transparent ressemblant à une gaze légère, couvre ce mont presqu'à partir de sa base jusqu'à son extrêmité , ne laissant par-là d'accessible, de perceptible à nos regards qu'une très-faible partie de la tour aux signaux.

La ville, quoiqu'assez étendue, et quoiqu'ayant de fort jolies maisons , n'est cependant pas considérable ; mais ce qui est digne de remarque, ce sont les fortifications et tout ce qui a rapport à l'armement de cette place. L'ordre et la propreté ont été poussés tellement loin ici , que les boulets empillés , les canons, leurs affûts et les instrumens qui en dépendent sont peints avec soin , avec goût, de façon à produire à l'œil un fort bel effet. Il est néanmoins vexant pour les possesseurs d'un tel établissement d'avoir, déjà à la distance de quelques centaïnes de toises de la place, des batteries aussi redoutables que le sont celles établies par les Espagnols, tant sur la route du village de St-Roch, que sur le chemin qui, par terre, conduit à *Algésiras*, lesquelles batteries semblent plonger directement sur une partie du port et de la ville, ville bâtie à l'ouest sur le penchant du roc. — Pour pouvoir dire que j'ai mis le pied en *Afrique*, le Gênois et moi sommes allés, au moyen d'un canot, passer une demi-heure sur ce rocher appelé *Mont-aux-Singes*, lieu où nous avons déjeûné. — Du point où est notre navire, nous avons une des plus belles vues qu'on puisse désirer ; car elle porte à la fois sur les côtes d'Afrique, sur celles d'Europe, sur la Méditerranée, sur le Détroit et le commencement de l'Océan occidental, outre qu'on peut ajouter à cela le tableau mouvant d'une multitude de vaisseaux de tous rangs qui, voguant en sécurité, vont de toutes parts. Le grand village de St-Roch, ainsi que la ville d'Algésiras, dont le port contient en ce moment beaucoup de navires, et Gibraltar, sont du point où nous sommes, d'autres sujets variés propres à repaître notre vue, notre imagination. — Je retourne encore à Gibraltar. Quoique la ville soit irrégulièrement bâtie, cependant est-elle d'un coup-d'œil fort agréable ; car elle a des maisons qui ne seraient point déplacées dans les capitales. Quant aux fortifications, elles ressemblent à celles de Malte ; c'est-à-dire que je les considère comme inabordables. — La garnison paraît être nombreuse : sa tenue est superbe ; cependant celle que je vis à Malte était encore plus proprement vêtue que n'est celle-ci. — Je trouve assez extraordinaire que, dans un moment si critique, quand on sait que *l'Usurpateur a des espions par-tout*, on m'ait, en ma qualité de français (bien que je sois muni de recommandations et de titres non équivoques), laissé pénétrer dans la place et par-tout, sans qu'on eût de moi exigé l'exhibition dé mes papiers. Cela est d'autant plus extraordinaire que je crois les anglais naturellement soupçonneux, sur-tout quand c'est un préjugé national qui les fait agir. La même chose m'est déjà arrivée à Malte et à Cagliari. Je suis ennemi de toute formalité inutile, impudente, arbitraire, vexatoire; mais comme ami de l'ordre et de la cause que défend l'Angleterre, dans laquelle se confond l'intérêt de mon Roi, de ma Patrie, et même celui de tous les Peuples, de tous les Souverains légitimes, je suis égalemement ami des précautions dictées par la prudence et la raison : or, comme l'on voit, loin d'être humilié de montrer mes passeports, j'en aurais au contraire été satisfait si j'en avais été requis.

La promenade publique et le lieu où l'on exerce la troupe sont presque dans le cimetière ou tout au moins y attiennent : car il n'y a qu'une faible séparation entr'eux. En parlant de cimetière, je n'en ai jamais vu d'aussi simple et d'aussi beau. Chaque fosse est recouverte d'une masse de terre, dans la forme, les proportions et la hauteur d'une bière ou cercueil, que masque une grande quantité de coquillages uniformes. Il y a cependant aussi divers monumens ou mausolées en marbre, en granit, en bronze, en bois peint, des inscriptions, des urnes funéraires, etc., — Je viens de la promenade que j'ai trouvée être plus vaste, ainsi que la place d'exercice, que je ne l'eus pensé. Comme c'est dimanche j'ai eu occasion d'y voir les beautés de la ville dont la plupart d'origine, de sang espagnol ont un petit air mauresque, aux yeux noirs et vifs. Elles sont en vérité gentilles ; et ce qui n'ajoute pas peu à cela ce sont leurs charmants petits pieds, leur élégante chaussure, leur façon de se mettre qui, quoiqu'ayant du rapport pour la mante noire, le jupon de même couleur, etc., à celle des maltaises, n'en est pas moins fort séduisante : car ici ces robes ou jupons, ces mantes, ces tabliers, sont garnis d'un large effillé épais de soie noire ; ce qui produit un bel effet. Quant au teint, à la carnation, etc., on doit sentir qu'ils doivent être en rapport avec ceux des lieux qu'ont occupés les arabes, les maures ou sarrazins, tels que Malte, la Sicile, la Sardaigne et autres endroits. Cependant on doit avouer qu'il y a ici des sangs croisés qui ont déterminé des variétés heureuses et dignes de choix : car tout le monde ne se ressemble point. Un grouppe de jeunes filles, la tête couverte d'un grand schall noir étroit, garni tout autour d'une frange de soie de même couleur, ainsi que le sont leurs jupons, viennent de passer à mes côtés. On ne peut se figurer la tournure qu'ont ces espagnolettes si vives, si dégagées; ayant une si belle jambe, enfin une démarche à la fois légère, séduisante, voluptueuse. Les femmes me paraissent un peu plus émancipées, plus libres ici qu'elles ne le sont à Malte : car ces dernières s'enveloppent de noir, de la tête aux pieds, ne laissant apercevoir ni leur chevelure, ni leur jambe, ni enfin aucune autre nuance que cette monotone couleur ; tandis qu'ici, elles portent des tabliers fort hauts, très-amples, très-élégants; et quant au corset il est blanc, bleu clair, ou rose, outre que leur tête est nue, avec des cheveux artistemens arrangés, ornés de fleurs, de guirlandes, de plumes, de chapeaux, etc. — Je repasse encore au cimetière, dont je ne puis exprimer la touchante simplicité. M'étant approché de plus près des tombes, j'y ai remarqué nombre d'inscriptions servant à rappeller le nom, la profession, les vertus du décédé; les regrets de ses amis, de ses parens. Elles sont accompagnées de cyprès, de saules pleureurs, de myrthes, de rosiers : tout cela porte à l'ame, à la mélancolie et prouve plus que tout ce qu'on pourrait dire sur l'égalité à laquelle tout mortel est condamné, bien que beaucoup de nous fassent, de leur vivant, tant de choses diverses pour s'élever , pour se distinguer de leurs semblables. — La verdure, comme on doit bien le penser, n'est pas commune dans une contrée si chaude, mais sur-tout sur un rocher ; cependant y a-t-il de beaux jardins dans lesquels on distingue des arbres et arbustes des deux hémisphères. Le figuier d'Inde et plusieurs autres individus presque de la même famille croissent ici sans soin, au milieu des pierres , des roches , ainsi que des genêts-arbres hauts de 12 pieds et ayant le tronc de 8 pouces de diamètre. — Les rosées en ce pays sont tellement fortes , tellement abondantes qu'on peut en comparer l'effet aux pluies de nos contrées. — Un de nos compagnons de voyage, le Génois, établi à Gibraltar, après avoir fait décharger ses marchandises, a pris congé de nous : c'est un brave homme , un homme raisonnable de moins , que je quitte à regret ; car la simplicité de ses mœurs me plaisait.

Le 7. Notre journée est en partie employée à décharger les marchandises dont notre navire était encombré : tant mieux ! notre bâtiment allégé par ce débarras n'en marchera que plus vîte. — Un matelot danois que par commisération (ce que j'ignorais ; car je soupçonnai toute la route qu'il faisait partie de l'équipage) notre capitaine avait voituré de Malte ici , m'ayant rencontré en ville m'a subtilisé quelqu'argent sous prétexte que, voulant acheter divers objets, il n'aurait par cet effet pas la peine de retourner à bord pour y prendre sa bourse. A mon retour, j'ai appris qu'il en avait été congédié depuis notre arrivée et qu'il n'avait d'autre emploi que d'être habituellement à la recherche des dupes; il ne s'est pas trompé avec moi ; car je l'ai été complètement du conte qu'il m'a fait. La situation de ma bourse me fait regretter la somme que je lui ai confiée, somme qu'il devait me rendre, disait-il, le soir en revenant au vaisseau , mais il n'y a point reparu et n'y reviendra incontestablement point. Dans toutes les circonstances de la vie, c'est moins au fait que je regarde, qu'à l'intention; mais comme tout est relatif, en ce moment-ci, je suis autant occupé de l'un que de l'autre.

Le 8. Il est 9 heures et demie du matin ; nous appareillons, nous partons Je n'en suis pas fâché : car si Gibraltar est agréable à voir pendant l'espace de 24 heures, après ce tems ce ne doit plus être qu'un séjour maussade pour quiconque n'y a point d'affaires. — L'or et l'argent m'ont paru bien communs dans cette place, et le commerce dans une très-grande activité , mais tout y est d'une cherté horrible. — Au moyen d'un vent d'est , nous allons très-rapidement franchir le détroit. Nous entrons déjà dans les eaux de l'océan atlantique ou occidental pour mieux dire. Les navires de toute grandeur sont, dans ces parages , aussi communs que le sont les canots dans beaucoup d'autres. Avant de sortir de la baie ou rade, j'ai eu occasion de remarquer deux traits qui prouvent que les marins ne se piquent pas de grande obligeance à bord des navires anglais. Au moment où nous mettions à la voile, un jeune homme fort bien mis venant du port, dans une fort jolie caïque , ayant quatre rameurs très-bien habillés, faisait les plus grands efforts pour nous atteindre ; il n'était plus qu'à une portée de pistolet de notre bâtiment , criant de toutes ses forces qu'on arrêtât, ce qui eût été l'af-

faire de quelques minutes, puisqu'en ce moment
on pouvait suspendre le déploiement des grandes voiles ; mais ce fut en vain et après une
demi-heure d'une course pénible pour nous
gagner, il fut obligé de rétrograder. Quelques
instants avant lui, c'est-à-dire 4 minutes avant
que notre vaisseau ne s'ébranlât, un officier
d'infanterie anglaise, embarqué sur un vaisseau
de 84 canons à l'ancre dans la baie, sur lequel
règne, dit-on, quelque maladie, et qui en conséquence est condamné à la quarantaine, s'était
également présenté pour, de son canot, monté
de 10 hommes, engager le capitaine à recevoir une lettre pour l'Angleterre. Il le pria, le
supplia de toutes les façons, lui présentant cette
lettre sur une assiette pleine de vinaigre, mais
ce fut inutile, il n'y voulut jamais consentir,
parceque nos passagers, mais notamment le
colonel d'infanterie, lui conseillèrent de s'y
refuser. Cependant cet officier de haute stature,
gros, gras, au teint fleuri, n'annonçait point
être atteint d'aucune maladie. J'ai trouvé cette
opiniâtreté de notre capitaine et cette répu-
gnance de nos passagers très-bien vues ; mais il
y avait cependant, envers un de leurs compatriotes, des voies d'accommodement et des
moyens de concilier son devoir avec ce qu'on
doit à un homme ; mais sur-tout un compatriote
infortuné, privé peut-être des choses les plus
nécessaires. Ce pauvre militaire, confus, humilié, s'est retiré en nous apostrophant comme
nous le méritions. — Nous distinguons, non
loin de nous, une frégate anglaise qui introduit
dans la rade un corsaire français de 14 canons
et de 80 hommes d'équipage, suivant ce que
nous dit le capitaine d'un navire qui nous
côtoie. — Le vent est devenu tellement fort,
qu'il nous fait courir 10 milles à l'heure.

Nous signalons un convoi marchand escorté par plusieurs frégates et bricks de guerre anglais et portugais. — Le vent est enfin degénéré en tempête, au point d'obliger le convoi qui nous précédait à aller s'affaler à la côte de *Trafalgar*, côte si célèbre par la mort de l'amiral *Nelson*, ainsi que par la défaite des flottes unies de France et d'Espagne, commandées par le contre-amiral *Villeneuve* et l'amiral *Gravina*. Ne pourrait-on pas aussi, au nombre des victimes qui ont été immolées en cet endroit, pour l'intérêt du *Corse*, joindre ce contre-amiral ? Car c'est de cet évènement qu'est provenue l'origine de sa mort.

Quoique nous ayons amené toutes nos voiles et que notre navire n'offre plus de surface à la furie des vents que par ses mâts, agrès et cordages, cependant nous n'en filons pas moins 12 milles à l'heure, et cela par ce que nous avons gagné la haute mer plutôt que d'aller comme le convoi courir des dangers à la côte.

Plusieurs coups de canon que tirent les bâtimens de guerre et marchands qui composent cette flotte près la côte, annoncent quelque détresse sans doute, car l'ouragan, la tempête est furieuse. — Nous allons perdre de vue les côtes d'Afrique, cette partie qui constitue l'Empire de Maroc : adieu contrées si peu policées et si barbares parcequ'on le veut : car rien ne serait si facile que de vous soumettre au même régime que les autres, si les souverains légitimes voulaient au nom de l'humanité s'entendre à cet égard. — Il est 6 heures trois quarts du soir; nous sommes déjà en vue de Cadix distant de 85 milles de Gibraltar. Comme la nuit arrive, que notre capitaine n'est jamais entré dans la baie; qu'enfin à l'heure où nous sommes on ne peut se procurer de pilote, nous allons regagner la haute mer pour louvoyer toute la nuit. L'énorme fanal qu'on allume à cet instant près la ville, nous servira de guide durant l'obscurité. — La force du vent fait refluer une telle quantité de lueur phosphorique qu'il semble que toute la mer soit en feu. J'ai remarqué à cet égard que les cables imprégnés de ces lueurs et tirés de l'eau pendant la nuit conservaient de ces globules lumineux pendant l'espace de plus d'un quart-d'heure après leur sortie de la mer. — Les eaux de l'Adriatique et de la Méditerranée m'ont paru être d'un bleu lapis, tandis que celles de l'Océan me semblent être d'un vert sale ou terne.

Le 9. Le calme nous ayant atteints depuis l'aube du jour, nous avons de la peine d'entrer en rade bien que nous soyons guidés par un maître pilote du port, duquel nous avions besoin pour entrer ; car notre capitaine ne connaissant point les passes ni les récifs si communs ici, ne se serait jamais avisé de chercher à les franchir d'après sa seule expérience. Je viens de remarquer de sa part une sorte de supercherie que je n'aime en aucun tems et dans aucun homme. Ce pilote, comme c'est d'usage, muni d'un canot et de rameurs, est venu au point du jour nous offrir ses services. Il a tourné et retourné de l'avant à l'arrière en faisant toujours la même proposition sans qu'on daignât lui répondre ; enfin cependant connaissant sans doute par pratique les gens à qui il a affaire, il est monté à bord sans qu'on le lui dise, s'est assis, a fumé un cigare en commençant à ordonner la manœuvre nécessaire, chose à laquelle on a obéi sans lui répondre un mot, ayant néanmoins l'air de ne le faire qu'à regret et en rechignant. Pourquoi feindre de n'avoir pas besoin des gens quand on ne peut

réellement s'en passer ? C'est un acte de mauvaise foi dicté par l'orgueil d'un côté et la faiblesse de l'autre, qui ne tente qu'à rabaisser le
mérite de l'action de celui qui nous oblige afin
de pouvoir plus à l'aise mettre à prix ses services : car rien n'est fixé dans la rétribution
qu'on donne aux pilotes ; et comme il s'en trouve parmi eux de fins, de déliés, ils profitent par
fois aussi de l'embarras dans lequel on se trouve
pour rançonner les capitaines : or ici on peut
dire que c'est *ruse contre ruse.* — La rade et
le port de Cadix n'ont peut-être rien d'égal, si
ce n'est le port et la baie-mer de Marmora à
Constantinople. La ville paraît être d'une étendue immense. Ses édifices, ses palais, ses
églises sont d'une hauteur peu commune, et la
situation de cette belle place sur la mer est
peut-être sans pareille, si ce n'est *Bizance*
comme je viens de le dire. — Je vais à la ville.
La population, augmentée des gens de mer et
de ceux d'une infinité d'équipages d'une quantité innombrable de bâtimens de tous genres,
de tous rangs est immense. Les espagnols, à
ce que je remarque, bien qu'ils soient maigres,
paraissent cependant très-forts, souples, mus-
culés, nerveux, hardis. Ce ne sont point là
ces hommes que nos géographes, nos histo-
riens de cabinet nous peignent comme des
hommes *mous, dégénérés, efféminés.* En effet,
en pourrait-il être autrement des descendans
des Maures, dont le sang croisé avec celui
Celte et *Goth,* semble encore être en eux dans
toute sa force première ? Cela est impossible.
Les Espagnols, comme les habitans de tous
les pays chauds et fortunés, peuvent bien aimer
le calme, le repos, être sobres; mais cela
n'empêche point d'être terrible dans l'occasion,
quand on est constitué comme ils le sont.

.Une difficulté qu'en ma qualité de *français* j'éprouve à la ville, m'oblige à retourner à bord ; car je pourrais bien, tout innocent que je suis des maux incalculables que par l'ordre d'un monstre, mes compatriotes leur font souffrir, devenir la victime de la populace. Quoique cela contrarie mes vues et m'empêche d'aller présenter mes devoirs à S. E. Monseigneur le Gouverneur de la place, je n'en suis pas moins content au fond du cœur, de voir en eux, sinon de la haine, du moins la plus grande indignation contre celui et ceux en chef qui servent la plus infernale cause. Ils ne savent pas que je fais les mêmes vœux qu'eux ; que je travaille, que je vise au même but, et que, par cela seul que leurs souverains sont légitimes, sont des *Bourbons*, cela suffit et suffira toujours à de *véritables français* pour embrasser leur cause et leurs intérêts. Enfin, quoi qu'il en soit, l'esprit patriotique qu'ils manifestent si chaleureusement est de bon augure et me donne l'espoir de les voir sortir vainqueurs de la grande et injuste lutte en laquelle ils sont engagés, sur-tout aidés comme ils le sont d'ailleurs par les portugais, avec lesquels ils font cause commune, et particulièrement du plus grand et du plus formidable des peuples qu'il y ait sur la terre, soit par la politique, la sagacité, la marine, enfin par son armée de terre, son esprit national et ses grands hommes en tous genres. On ne doit donc pas être étonné, principalement sous *un général*, sous des généraux habiles, de leur voir faire des prodiges de valeur, bien qu'ils aient affaire à forte partie, et que des troupes de presque tous les pays leur soient opposées : tristes instrumens d'un malheureux fou, ivre d'orgueil parce qu'il sort de la fange, être qu'on ne saurait

dénommer comme il faut sans inventer un nouveau mot à son égard et en lui donnant une
acception toute particulière. — Je ne retournerai
plus à Cadix ; car les crimes dont se couvrent
partie des soldats du Corse, sont tellement hor-
ribles, et ont si fortement aigri tous les espagnols, qu'ils ne voient que d'un œil emporté
tout individu, quel qu'il soit, qui profère un
seul mot de français. Le monstre-fanfaron,
charlatan qui fait ainsi exécrer notre nom, méri-
terait qu'on le précipitât lui et sa clique, sa
coterie, son parti, dans un antre, dans un
égoût d'abattoir, afin qu'ils pussent à leur aise
se vautrer dans le sang et en boire autant que
leurs bouches infâmes, que leur soif dévorante,
que leurs cœurs infernaux en désirent : alors,
justice serait faite. Voilà cependant à quoi
conduit l'indécision des nations dans la personne des hommes chargés de les représen-
ter ; car s'ils eussent eu quelques vertus,
quelque force et courage lorsque cet intrigant
déserteur, cet étranger à notre patrie, revint
si inopinément d'Egypte les chasser avec impu-
dence du lieu sacré des séances nationales,
n'eussent-ils pas aidé, leurs 3 à 4 camarades,
pour repousser et punir exemplairement l'at-
tentat criminel qu'il commettait en cette occasion ? Mais non ; énervés par le pillage, lâches
par caractère, ils souffrirent qu'un Corse les
rendît, ainsi que leur pays, l'opprobre de
l'univers et la terreur du genre humain. Ainsi
il en sera de tout peuple qui s'engouera, qui
s'enthousiasmera pour les jongleries, les pasqui-
nades des étrangers du Sud et de l'Est surtout
en leur confiant des forces, des pouvoirs, la
suprématie des affaires !!! — La mise des femmes de Cadix, quoique plus variée, m'a au
fond paru être la même qu'à Gibraltar. La

position isolée de cette place , de ses fortifications lui assurent d'être affranchie de la présence
de ses ennemis (au moins quant à l'intérieur),
quels que soient les événemens de cette campagne et des autres , s'il y en a. — De notre
bord je distingue 20 à 3o vaisseaux démâtés en
forme de pontons , dans un canal qui , je crois,
se nomme *Carrac*, dans lesquels sont renfermés
une multitude de prisonniers de tous grades et
de toutes armes , qui y périssent de misère.
Ce traitement , qui n'est sans doute qu'un
effet de la passion haineuse, est , selon moi , des
plus condamnables, d'autant qu'il ne s'applique
que sur des infortunés , que sur des agens passifs
en partie forcés au metier qu'ils ont fait ; et
je suis surpris que , vu l'influence qu'exercent
ici les anglais, eux qui savent respecter le malheur résultant des chances de la guerre , ils
n'interviennent point en faveur de tant de malheureux. Cela tient probablement à des causes
qui me sont inconnues , bien que j'en gémisse
de tout mon cœur. — Le nombre de bâtimens
qui circulent dans ces eaux ci paraît être encore
plus considérable qu'il ne l'est à Gibraltar.

Le convoi de 4o voiles que nous rencon-
trâmes hier en route, près de la côte de Trafalgar , entre en ce moment en rade , après 24
heures de séparation. Nous ignorons s'il a fait
des pertes ; mais ce qu'il y a de certain , c'est
qu'à la tournure de quelques-uns d'eux , on
distingue très-bien qu'ils ont essuyé des avaries.

Le 1o. Notre navire ayant pris place au centre de la rade , nous sommes dans cette situation presqu'à la même distance des villes et
ports de *Cadix*, *Ste-Marie* et *Rota*, si célèbre
par ses vins généreux. Les mouvemens de cette
rade sont si multipliés qu'en vain on essaierait
d'en rendre compte. — Quantité de vaisseaux

de guerre, de frégates, de bricks, de goëlettes, de sloops, etc., armés, tant anglais, espagnols que portugais, sont à l'ancre près du port. Celui qui se fait remarquer par-dessus tout, c'est le vaisseau amiral, à quatre ponts, monté de 140 pièces de canon : nous n'en sommes pas tant éloignés que nous ne puissions jouir de sa musique, ainsi que d'y voir faire l'exercice.

Il paraît, d'après ce qu'on rapporte, que S. E. Mgr. le marquis *de Wellesley* (frère du duc de *Wellington*), ambassadeur près la *Junta*, à Séville, vient en partant d'ici de recommander à notre capitaine de ne point remettre à la voile avant d'avoir reçu ses dépêches, ce qui va inévitablement nous faire encore perdre du tems.

Le fruit de ces contrées-ci est délicieux ; le raisin particulièrement est fort bon ; néanmoins il serait encore meilleur si sa pellicule était moins dure, moins épaisse. De bon vieux vin de Rota, y compris le verre, nous est fourni à raison de 18 sous la bouteille.

Le 11. Le vent a soufflé avec tant de violence cette nuit, qu'indépendamment de nos deux ancres, il a fallu encore en jeter deux autres. — Des nuées de poissons volans d'un côté, et d'oiseaux aquatiques de l'autre effleurent la surface des eaux. — Le vent continue avec tant de force que plusieurs vaisseaux et frégates ayant chassé sur leurs ancres, l'une d'elles est allé s'échouer à la côte : plus de 30 chaloupes et au moins 800 hommes s'occupent déjà à la relever.

Le 12. Le mauvais tems continue toujours ; ce qui empêche nos passagers d'aller à la ville. — Un convoi de 35 à 40 voiles parti d'ici depuis 48 heures est encore en vue malgré les efforts qu'il fait pour s'y dérober.

Le 13. Le vent est enfin calmé ; ce qui nous
donne

donne la possibilité de voir une multitude de barques remplies d'hommes, de femmes, de religieux, de militaires, etc., sortant de Cadix pour se rendre à Ste-Marie à l'effet d'y voir un combat de taureaux.

Le 14 Toujours beaucoup de barques qui se rendent à Ste-Marie ou qui en reviennent. Plusieurs autres nous apportent des fruits, des vins, de la menue mercerie, des cigares, etc.

Le 15. Aujourd'hui grande fête, et par conséquent grand combat de taureaux. Il n'est pas, depuis ce matin, passé sous notre proue moins de 10,000 ames se rendant encore à Ste-Marie.

Le 16. Les chants religieux qui, soir et matin, partent des vaisseaux espagnols et portugais, seraient vraiment faits pour nous édifier, si nous avions besoin de l'être. — Je prends la liberté d'adresser à S. E. Mgr. le gouverneur de la place de Cadix, la pièce qui va suivre, avec invitation d'en faire imprimer des milliers d'exemplaires, pour être répandus partout où possibilité sera. A cet effet, je me permets de lui divulguer mes vues pour combattre fructueusement le charlatanisme effronté du Corse, moyen sur lequel reposent toutes ses entreprises : je lui en promets bon succès pour son pays et le mien et enfin pour l'humanité et l'équité entières. Je ne lui cache cependant point que n'étant pas écrivain, on peut la rectifier de telle façon qu'on voudra, bien qu'en tout temps je sois disposé à concourir, par toutes les voies possibles, au succès de l'entreprise projetée.

MITHRIDATE de Lorraine et d'Austrasie,

Aux Espagnols et Portugais.

« BRAVES AMIS! Encore un instant de patien-
» ce, et puis vous serez à jamais délivrés du joug

H

» insultant qui pèse si malheureusement sur
» vous, et rendus pour toujours à vos Prin-
» ces légitimes, à votre liberté, à votre culte,
» à vos lois, à vos usages et à votre indé-
» pendance. . . . . .

« Les français, vos anciens amis et alliés,
» reconnaissent enfin des erreurs qu'ils dé-
» plorent, et apprécient, comme il le convient,
» la voix perfide et mensongère qui les égara
» jusqu'à ce jour En conséquence, ils se dis-
» posent à en faire la justice qui est due, celle
» de chasser à jamais, au loin de leur patrie,
» l'odieux intrigant, l'exécrable oppresseur,
» qui les trompa de tant de façons, et qui, en
» outre, eut la lâche perfidie de se servir de
» leurs bras comme d'autant d'instrumens pour
» assouvir ses vices, ses crimes, ses projets
» plus qu'infernaux, puisqu'il est vrai qu'ils
» n'ont pour but que la destruction en tout
» genre. Encore un instant de patience, vous
» répétai-je; et puis ces voisins estimables,
» (dont vous avez cependant passagèrement à
» vous plaindre), ne voyant plus en vous que
» des amis, que des frères, dont la cause leur
» sera commune, la cimenteront par un acte à
» la fois de justice et de probité, la cimenteront
» par une paix éternelle Mais en attendant,
» ô braves, cent fois braves amis! les français,
» mes chers et bien-aimés compatriotes, vous
» invitent par mon organe à ne plus voir en eux
» désormais, des ennemis de vos droits, mais
» bien au contraire des gens disposés à une ré-
» conciliation nécessaire ; et à ces fins ils vous
» engagent à traiter avec toute l'humanité dont
» vous êtes susceptibles, tous ceux d'entr'eux
» que le sort des armes ou toute autre cause a
» pu faire tomber entre vos mains ou y ferait
» tomber encore. En reconnaissance de cela, ils

(1.5)

» vous promettent , non seulement d'user des
» mêmes procédés envers tous ceux des vôtres
» qui sont ou qui seraient dans le même cas ,
« mais encore de vous donner incessamment
» une ample satisfaction de tous les maux que
» la rage hypocrite , que la soif devorante de
» sang humain , qu'un furibond , enfin qu'un
» sale et bas charlatan avide de crimes et de car-
» nage , leur a si injustement fait déverser sur
» vos infortunées patries ; et , à cet effet , moi
» susdit et soussigné , prends en mon parti-
» culier le ciel à temoin du serment que je fais
» de ne rechercher le calme , le repos que lors-
» que l'Europe entière délivrée de la peste , du
» poison meurtrier de l'intrigue , de la jon-
» glerie et du brigandage monstrueux des enne-
» mis du trône et de l'autel , sera rendue à la
» liberté , à la tranquillité , sources de tous biens ,
» mais biens que nous ne pouvons obtenir qu'au-
» tant que les Princes légitimes , éloignés de leurs
» foyers , de leur héritage , y seront rétablis
» ainsi qu'il est de droit. Réunissons donc tous
» nos efforts , ô estimables voisins et amis ! pour
» accelérer ce moment si cher à l'humanité ,
» et par l'effet duquel une poignée d'assassins-
» sacrilèges , de brigands-dévastateurs doivent
» rentrer dans la boue , d'où ils ne fussent ja-
» mais sortis sans le bouleversement politique
» qui plongea l'univers dans le deuil , la confu-
» sion , la désolation et la mort. Loin de nous
» néanmoins l'envie de vouloir jamais remon-
» ter à l'origine de tant de désastres ! Bornons-
» nous , ô braves Espagnols et Portugais ! à in-
» voquer la puissance céleste , pour qu'elle dai-
» gne nous seconder dans nos travaux , en nous
» environnant de ses saintes bénédictions et
» protection : alors l'expulsion des scélérats
» est assurée , ainsi que le rétablissement dans

» leurs droits de tous ceux qui y ont des pré-
» tentions fondées : *Amen, amen, amen !*
  » Fait à bord du brick la Princesse Marie ,
» en rade de Cadix, le 13 août 1809.

Signé, MITHRIDATE.

Quoique la pièce ci-dessous ait été faite, étant en route le 27 avril 1809, en me rendant en toute hâte de la Prusse à Vienne (passant par la Silésie), je ne crois pas moins devoir la joindre ici, ainsi que celle qu'en 1810 je fis en Angleterre, bien que plus tard elles se trouveront classées méthodiquement dans les relations subséquentes que je publierai. Elles donneront au moins au lecteur une partie de l'intelligence que je cherchais à combiner, en remuant tous les peuples, soit les uns après les autres, soit enfin tous à la fois. (*)

MITHRIDATE de Lorraine et d'Austrasie,

Aux Français ses chers et bien - aimés compatriotes.

BRAVES AMIS !

N'en doutez point, la maison d'Autriche n'est certainement point votre ennemie, ainsi que le mensonge le plus atroce cherche à l'insinuer, à le faire croire. Des agressions de tous genres (inostensibles il est vrai), des menaces, des vexations de toute nature, enfin des sacrifices sans cesse exigés d'elle, l'ont forcée, l'ont réduite même à la triste nécessité de reprendre les armes (armes qu'elle avait déposées dans l'espoir d'une paix durable), pour repousser de son sein le fléau malheureusement intarissable de la guerre qu'on allait de nouveau rapporter chez elle. Elle n'a vu ici que le bien-être de ses peuples chéris dont elle a voulu éloigner le malheur, en portant inopinément le théâtre de cette déplorable campagne dans les états

---

(*) C'est parceque les deux pièces qui suivent sont étrangères à cet ouvrage-ci , proprement dit , que je les ai mis en caractères italiques.

limitrophes alliés contr'elle, plutôt que d'en rendre témoins oculaires les sujets de son empire. Mais je vous le répète, Français ! la maison d'Autriche n'est point votre ennemie, bien qu'elle le soit du crime. Un seul homme a déterminé la présente guerre, un seul doit en être responsable ; et dès le moment où vous voudrez vous retirer dans vos foyers, dans les limites de votre empire, ou vous confondre d'amitié parmi les Germains vos anciens alliés et amis (lieu où vous serez reçus en frères), dès cet instant, dis-je, vos intérêts leur deviendront communs : alors il ne restera plus d'autre occupation que de chercher à rétablir bien vîte l'ordre politique et social si désiré, si nécessaire à la prospérité de tous les peuples, ordre qui ne fut interverti et rompu que par la monstruosité des projets fantastiques et criminels du dernier des hommes, d'un misérable étranger ennemi de tout ce qui vit et respire. Comme vous le voyez, ô braves amis ! votre sort et celui des autres nations est, en quelque sorte, entre vos propres mains. Il ne tient qu'à vous de le rendre fortuné : un prompt retour sur vous-mêmes vous fera apercevoir le gouffre, le précipice qu'on vous fait creuser et arroser du sang de vos fils, de vos frères, de vos semblables ; enfin un coup d'œil juste vous donnera le terme des malheurs dont vous fûtes, ainsi que les autres, dont vous êtes et serez les victimes, si vous n'y prenez garde : eh ! pour qui ? Pour un homme qui n'est point de votre pays, pour un être qui n'a de goût, de passion que pour le sang, le crime, le carnage, et dont les talens ne consistent qu'à corrompre, à tromper par mille perfidies dignes de mépris, mais lesquelles cependant vous portent à faire des sacrifices de tous genres, à creuser un tombeau à des millions de vos semblables, enfin à faire la réputation d'un seul individu qui n'appartient même à aucun état directement. Voilà en peu de mots, ô chers français ! aimables compatriotes ! le résultat que vous devez attendre d'un tel être, lequel ne marche que de boucherie humaine en boucherie humaine, que de carnage en carnage, pour assouvir son sale, son fol orgueil et les intérêts d'une poignée de scélérats comme lui. Réfléchissez-y donc ! Ouvrez les yeux, il en est encore tems ! Chassez, expulsez de chez-vous cette peste dévastatrice, et dès le lendemain déjà, l'étendard des lys flottant de toutes parts, dans vos cités remplira tous les cœurs d'allégresse. A ce prix, vous redeviendrez les frères, les amis de tous les autres peuples ; tandis que, dans le cas contraire, leur amitié, leur confiance vous sont ravies pour toujours. Chas-

sez , chassez donc au plus vite, répétai-je , ce bourreau de
l'humanité, afin de goûter au plutôt les douceurs de la
paix, de la prospérité, ou attendez-vous à tous les malheurs possibles Mais il me semble vous entendre mur-
murer, ô doux et généreux français ! Je crois vous voir
frémir d'indignation d'avoir été si long tems les dupes,
le jouet du crime ; oui vous allez y mettre fin : alors
Dieu et les hommes n'auront plus rien a désirer : ainsi
soit - il !!!

27 Avril, 1809.

Voici le dernier document que j'intercallerai
ici, ceux adressés aux Hollandais, aux Suisses,
aux Italiens, Napolitains, Prussiens, Russes,
etc. , étant écrits dans le même esprit.

MITHRIDATE de Lorraine et d'Austrasie,

A ses chers et bien - aimés Compatriotes.

BRAVES AMIS !

Le moment où vous serez à jamais rendus à la
paix , à la liberté , par l'expulsion de chez vous
du plus infâme des scélérats, n'est plus guère éloigné..... Redoublez donc de constance et de fermeté
dans vos privations. ô braves français ! Car incessamment vous serez délivrés du joug insultant du plus
méprisable des jongleurs, du plus monstrueux assem-
blage de vices et de perfidie que la terre ait jamais
vomie. . . . . . En effet, vos vies, vos fortunes,
celles des autres nations, l'amitié qu'elles vous por-
taient à si juste titre, leur sûreté, leurs propriétés
et les vôtres ne sont rien à ses yeux avides ; il se
joue de tout, même des institutions les plus saintes,
les plus sacrées, comme aussi de votre aveugle confiance dans ses projets criminels, projets au moyen
desquels cependant, il est parvenu à vous conduire
de précipice en précipice, d'abîme en abîme, de forfaits en forfaits..... La maison des Bourbons, cette
antique famille si chérie , si aimée et révérée de tous

les gouvernemens réguliers , légitimes , est sur le point
de vous être rendue, de réhabiter parmi vous selon
le vœu de tout ce qu'il y a d'honnête sur la terre,
selon enfin des mesures prises à cet effet..... Des
arrangemens sont également ménagés pour que sa
rentrée au milieu de vous, au sein de notre commune
patrie, s'opère sans secousse ni trouble ; et pour y
parvenir d'une façon efficace et donner en même tems
une preuve manifeste de ses dispositions toutes pater-
nelles , toutes pacifiques, elle reconnaît et approuve
par avance tout ce qui a été fait en France depuis
son départ jusqu'à ce jour , ou qui pourrait y être fait
encore pour le bien-être de la nation jusqu'à l'heure de sa
future rentrée à Paris. Elle adopte et confirme aussi
toutes les lois, institutions, dignités actuelles ; tous
les emplois civils , militaires , ecclésiastiques , quels
qu'ils puissent être , et s'oblige par l'engagement le
plus solennel de les respecter et faire respecter par
qui de droit. De plus , cette estimable maison garantit
la vente des domaines nationaux et autres de cette
nature , etc. Elle invite donc, par ces présentes , toutes
personnes, quels que soient leurs rangs , leurs charges ou
emplois , de prêter les mains à tout ce qui peut concourir à ces moyens d'ordre , de paix , de prospérité
et d'équité , et de hâter en outre par tout ce qui est
en leur pouvoir , l'éloignement , l'expulsion la plus
prompte , du plus grand des coupables, des traîtres,
des bourreaux dont le ciel se soit jamais servi pour
humilier les hommes , et les faire rentrer en eux-
mêmes. Alors le trône et l'autel n'étant plus souillés
par de vils assassins, vous verrez sous peu reparaître
parmi vous , ces augustes Princes qui, dans tous les
tems , les ont honorés et fait respecter par toute la
terre. Sont également invités , messieurs les chefs de
tous les corps armés faisant présentement la guerre,
de suspendre les hostilités , et qui plus est , de vivre
s'il se peut , dans la meilleure intelligence avec ceux
que le crime , que la perfidie la plus atroce leur a
si malignement et si insidieusement fait considérer
comme des ennemis, bien qu'ils ne soient que des frères,
frères injustement spoliés , attaqués, assassinés. Sont

de même invités les pères et mères dont les enfans sont de l'âge de la conscription, d'empêcher par toutes les voies possibles, leur départ pour l'armée, et de suspendre en outre le paiement de leurs impositions : car une partie de l'armée et des contributions sera supprimée à compter du jour de la rentrée sur le territoire français de l'illustre maison de Bourbon ; et comme la paix, la tranquillité générale qui doit s'en suivre ne peut physiquement avoir lieu qu'autant que les peuples divers et leurs Gouvernemens respectifs y trouveront leur sûreté, leur intérêt réciproques ; messieurs les maréchaux de France généraux et autres commandant les troupes françaises et alliées sont aussi chacun en particulier invités à se porter au plutôt avec les corps qu'ils commandent, en deçà du Rhin, des Alpes et des Pyrénées, seules limites justes, naturelles, invariables de la monarchie française.

Il est donc instant, ô français ! mes chers et bien aimés compatriotes, de tout faire pour hâter, pour couronner d'un prompt succès cette grande œuvre, en faisant à la fois rentrer dans la boue ceux qui se sont si longtems, si insignement joués de votre crédulité, qui se sont en outre abreuvés de vos larmes, de vos sueurs, de votre sang, ainsi que de celui des autres nations. Il n'y a qu'un pas à faire, ô valeureux français ! pour voir comme par enchantement renaître par toute l'Europe la paix et l'abondance depuis si long-tems bannies de chez elle : c'est d'expulser au plus vite, c'est de chasser sans nul délai de chez vous, ce monstrueux intrigant qui vous tyrannise, ainsi que tout ce qui tient à son exécrable famille, famille parmi laquelle vous ne devez pourtant point, dans votre indignation, confondre cette douce, vertueuse et intéressante Princesse d'Autriche, cette illustre victime de la politique, de la force lâche, enfin de la brutalité criminelle et sacrilège du plus grand de tous les scélérats. Comme vous le voyez, ô dignes et estimables compatriotes ! au moyen d'un faible effort de votre part ; on peut en très-peu de tems calmer tous les malheurs, toutes les calamités, les détresses humaines : par-là vous commanderez

par toute la terre, la plus vive et la plus durable
de toutes les reconnaissances. Courage donc, oui du
courage, ô mes chers amis ! et même s'il le faut,
pour une si juste, pour une si sainte délivrance, pour
le recouvrement de vos droits et de votre liberté,
n'hésitez point de recourir aux armes : oui, aux armes ! aux armes !

Des récompenses de toute nature sont promises à
quiconque aura signalé son zèle en cette occasion;
et celles à dispenser aux militaires, le seront par les
mains de l'illustrissime général Moreau destiné à commander en chef les armées françaises.

Fait en Angleterre, en 1810. Signé MITHRIDATE.

Cette pièce et beaucoup d'autres de cette
nature, furent envoyées aux ministres à Londres, et notamment à S. E. Mgr. le comte de
Liverpool; mais comme la suite de cette entreprise de ma part appartient à d'autres relations,
je m'abstiendrai, jusqu'au moment où je les
mettrai sous presse, d'anticiper sur ce que j'ai
à dire à cet égard.

Le 17. Deux espagnols et un anglais viennent, en qualité de passagers, se réunir à
nous ; l'un des premiers, dit-on, pince à
ravir de la guitare. A la vérité, quel espagnol
peut ignorer l'usage de cet instrument, quand,
pour faire sa cour aux dames du pays, il faut
d'obligation le posséder dans une certaine perfection ! — Il est 7 heures du soir : nos voiles
détendues, nos flammes ou bannières déployées
et un coup de canon à poudre seulement, tiré
de notre bord, sont les signaux faits pour rappeler de terre ceux de nos passagers qui y sont
encore. — Il est 8 heures ; nous désancrons,
nous appareillons et partons enfin de cette rade
immense, après y avoir inutilement passé 8
jours pour attendre des dépêches qui ne nous
sont point parvenues. Il y a bien des endroits

où un ambassadeur ou tout autre agent de l'état n'a pas ainsi le droit d'entraver le service public; car, à dire vrai, que sont les *pakets*? Des diligences, des voitures par eau et rien de plus. mais, comme dit le proverbe : *Chaque pays, chaque mode.* — Un vaisseau espagnol de 74 canons, ainsi qu'un bâtiment marchand venant de *Lima* (Amérique méridionale) entrent en rade dans le moment où nous allons en sortir. Treize coups de canon tirés de son bord lui sont immédiatement après rendus par le vaisseau amiral. Il est curieux de voir, d'un côté, 4 à 500 matelots perchés sur les vergues, les balustrades, tous en chemises, en chapeaux de paille, fixant leurs regards sur Cadix, et, d'un autre, 40 à 50 barques remplies d'hommes, de femmes et d'enfans venir au-devant de ce vaisseau pour reconnaître des parens, des amis, etc. A l'air morne de ces espagnols, on voit qu'ils sont affectés de la situation en laquelle ils revoient leur patrie.

Le 18. Quoique nous n'eussions pas fait grand chemin cette nuit, cependant sommes-nous hors de vue de terre, pour, j'espère, ne la plus revoir qu'en Angleterre, distante de 11 à 1200 mille d'ici. — Nous entendons très-distinctement le bruit du canon dans la direction des côtes d'Afrique, bien qu'elles soient déjà loin de nous. — Nous signalons un convoi de 15 voiles qui se dirige sur Cadix. — J'éprouve encore une sorte de mal-aise causé par la mer, ou, pour mieux dire, par les oscillations du navire. — Le vent est devenu aussi fort qu'il est contraire, et la mer est si grosse qu'elle couvre presque toute l'étendue du pont. Une lame d'un volume énorme, en traversant le pont de part en part, vient d'inonder la salle et même nos chambres-à-coucher. — Le mauvais tems s'accroît.

(123)

. Le 10. Nous avons passé une triste nuit, et
le même tems continue toujours. Néanmoins
le jour que nous apercevons, commence par
les distractions qu'il cause à diminuer une partie d'un état si horrible. Les bêtes, les animaux
de tout genre dont nous avons encore fait une
ample provision à Cadix, crient, se plaignent
d'un côté, quand d'un autre, les hommes font
des hauts de corps épouvantables, s'accrochant
comme ils le peuvent, ce qui procure le tableau
le plus hideux. Quant à moi, je suis heureusement mieux qu'hier, bien qu'il fasse plus mauvais tems. Tout roule, se casse, se brise, craque,
ou se renverse dans la salle, dans les chambres,
dans la cuisine et sur le pont : notre situation
est en vérité pénible ; et le mugissement des
vents, des vagues ne fait qu'en augmenter l'horreur. Quelles masses d'eau se heurtent, se cho-
quent, se renversent ! elles sont d'un volume
équivalent à celui des montagnes. Notre vaisseau,
malgré nos manœuvres, jeté çà et là par la fureur
du vent et des vagues, ressemble à une petite
planchette qu'on aurait exposée sur un grand
et impétueux fleuve. Qu'on juge d'après cela
combien nous sommes le jouet de cette mer immense ! Qu'après de pareilles épreuves, nos
poëtes élégans, nos enthousiastes en terre ferme
et très-ferme, dans leur cabinet bien clos et à
200 lieues des mers, mers qu'ils n'ont jamais
vues, viennent dans leurs arrogantes peintures
nous vanter l'art de la navigation et sur-tout
*l'homme maîtrisant les élémens, leur donnant
des lois, etc.* ; qu'ils viennent ici pour voir par
eux-mêmes ce que nous sommes, les efforts que
nous faisons au moyen du savoir de nos marins ! ils verront que nous ressemblons effectivement à des hommes, qui, il est vrai, ont
peut-être aussi, dans l'occasion, autant de jac-

tance que les autres, mais qui, pour ce moment, n'offrent néanmoins que de très petits garçons réduits à confesser tout bas leur nullité. Je sais pourtant que l'homme a porté son industrie aussi loin que sa cupidité et son orgueil l'ont permis ; mais il est faux qu'il soit ce que nous en disent ces cerveaux brûlés, à tête, à imagination folles et avides de merveilleux. Nos inventions nous paraissent plus ou moins ingénieuses, surprenantes, en raison des services qu'elles nous rendent ; mais quand après cela on se dit qu'on pouvoit s'en passer, parce que toutes sont inutiles pour naître, vivre et mourir ! oh ! alors tout le prestige qu'avaient fait naître à nos yeux ces prétendues sublimes inventions, tombe de lui-même et l'on se voit forcé d'avouer, en soupirant, que toutes les peines qu'on s'est données à cet égard jusqu'à cette heure, n'aboutissent qu'à nous en préparer de nouvelles, ainsi que les vices qui en résultent et desquels nous nous fussions bien passés. — Les oignons dont nous avons fait provision à Cadix sont encore plus gros que ne sont ceux de Sardaigne. Combien les fruits et légumes des contrées que nous quittons sont supérieurs à ceux des autres parties de l'Europe, bien qu'il faille s'y donner tant de peine pour les obtenir, tandis que dans ces régions chaudes on se les procure presque sans soin, culture ni travail ! Cela seul ne devrait-il pas suffire à l'homme pour lui indiquer où est présentement son véritable domaine, quoiqu'il soit déchiré, bouleversé, méconnaissable ? Croit-on que les uns doivent être plus favorisés de la nature que les autres ? De quel droit, par quel privilège serai-je plus fortuné que mon semblable, si je réside au midi quand il demeure dans le nord ? Pourquoi les uns n'auront-ils qu'un ou deux mois de travail durant l'année, quand les autres n'ont pas un jour de repos durant leur vie ? Qu'on appesantisse ses réflexions sur ces comparaisons et sur cent mille autres qu'on peut faire sur le même sujet , et l'on ne tardera pas à comprendre ce qui a déterminé toutes ces différences , si , d'une part , on se figure que l'homme devait se borner à vivre de ce que lui procurait la nature , et , d'une autre , si dans un livre philosophique intitulé : *La création du monde* , on se donne la peine de lire les chapitres qui traitent de *la désorganisation universelle.*

Je viens de remarquer que la superficie des vagues coupées par la force de la proue et élevée , résolue au même instant en une espèce de pluie fine , serrée , procure une décomposition de lumière (le soleil étant transversal) qui ressemble, proportions gardées, à l'arc-en-ciel. Ceci me confirme de plus en plus dans l'opinion où j'étais que l'arc-en-ciel n'est jamais déterminé que par un même effet ; c'est-à-dire, quand une pluie très-fine décrit un angle avec le soleil : c'est pour quoi il est toujours à l'opposite de cet astre. — Une lame considérable vient encore de nous inonder au-dessus et au-dedans.

Le 20. Notre nuit a été aussi mauvaise que celle précédente, mais le vent de nord-ouest étant passé au nord, nous en pourrons profiter un peu, au ballotement et au cahotement près.

Le 21. Il faut ou ignorer les fatigues, les désagrémens inouis qu'on éprouve dans les voyages maritimes , ou avoir de bien grandes raisons pour les entreprendre....

Le 22 Nous sommes toujours le plus sérieusement heurtés par les vagues ; et une brume pluvieuse nous rappelle que nous avons quitté ces contrées fortunées du midi, lieu où un beau ciel est le constant partage de ses habitans.

Le 23. L'état brumeux de ce matin nous avertit que nous nous approchons des eaux qui avoisinent l'Angleterre. Le vent, tout faible qu'il est, est bon néanmoins.

Le 24. Aujourd'hui vent contraire. Nous signalons un bâtiment américain courant vers le sud.

Le 25. Nous voilà presque en calme. Nous sommes depuis ce matin suivis par un bâtiment dont nous ignorons les couleurs et ce qu'il nous veut. La nuit nous fait perdre de vue cet importun qui semble prendre sa course à l'est.

Le 26. Nous ne sommes encore qu'à la hauteur du cap Finistère, et par surcroît de contrariété nous avons calme plat. Une quantité prodigieuse de monstres marins se culbutent à la surface des eaux ; ils sont tellement près de nous qu'on pourrait les atteindre d'un coup de pistolet chargé à balle. Les anglais appellent ce poisson *Popus*.

Le 27. Nous avons enfin vent arrière; ce qui nous fait faire beaucoup de chemin. — Il est 10 heures du soir; une frégate dont nous ignorons le pavillon passe par le plus beau clair de lune à une demi-portée de fusil de notre navire, sans se donner la peine de chercher à nous reconnoître ou tout au moins de nous arraisonner : en tems de guerre, cela n'est pas trop strict. — Le vent continue de nous pousser.

Le 28. Toujours beau temps et très bon vent. A la nuit, nous distinguons un brick à l'est.

Le 29. Même tems qu'hier.

Le 30. Le vent est moins bon ce matin qu'il ne le fut les jours précédens. La pluie et la brume nous préviennent que nous ne tarderons pas à découvrir les côtes d'Angleterre, de cette île si justement célèbre. — A 3 heures après-midi, nos mousses du haut des mâts annoncent la terre. Cette nouvelle, bien qu'elle soit attendue d'heure en heure par suite des calculs et des distances données par le lock, répand cependant la joie par tout l'equipage. — Le vent est tant soit peu contraire ; ce qui nous empêchera d'arriver à notre destination avant demain soir. — Nous signalons deux gros vaisseaux de guerre, qui courent vers le sud, et d'autres navires qui voguent en diverses directions.

Trois grosses barques de pêcheurs viennent presqu'à notre rencontre. Une d'elles s'approche à une portée de fusil : elle nous envoie un canot monté de plusieurs hommes, pour nous offrir un poisson de 8 à 10 livres. On les fait monter à bord ; (car ce poisson n'est qu'un prétexte) et 15 minutes après, je suis fort étonné de leur voir remettre 8 barils pleins de vin de *Xérès*, qu'ils transportent à bord du pêcheur. A 6 heures et demie du soir, même rencontre. Une autre barque nous envoie également son canot ; mais comme je présume que ces visites sont celles de contrebandiers nommés *smogleurs*, et que ma présence sur le pont cause de l'embarras, des chuchotemens, je me retire dans la salle pour leur donner le temps et la facilité de faire leur jeu. A leur aise ! Il est néanmoins douloureux pour un ami de l'ordre de voir ce commerce clandestin à 30 ou 36 milles des côtes d'Angleterre seulement, bien que je ne sois point anglais.

Le 31. Nous avons été toute la nuit obsédés par une espèce de calme ; cependant nous ne sommes qu'à quelques portées de canon des côtes. — Des navires de tous rangs font route de toutes parts. — Nous distinguons l'espèce de golfe dans le fond duquel est situé Falmouth, lieu tant desiré ; car l'espèce de *noviciat pythagorique*, (de silence) que je suis obligé de faire,

depuis mon départ de Malte avec des hommes
à la fois injustes, grossiers, méchans, me fait
bien souhaiter de les quitter Et certes, il n'est
pas possible que toute l'Angleterre soit peuplée
de tels gens, encore qu'ils pretendent être bien
nés. Quoi qu'il en soit, leur genre de conduite
dément leur origine, et m'a fait beaucoup plus
d'une fois regretter les soins, les attentions des
Tartares du nord, tartares que je préfèrerai
toute ma vie, à de pareils hommes si peu faits
pour en voir d'autres. L'un est ce colonel du
55., 57 ou 58 eme d'infantérie; l'autre un nommé *Belley*; enfin le troisième plus désagréable
encore, est un boiteux nommé *Prince* Quant
aux autres, je n'ai qu'à m'en féliciter, bien que
le courrier ou messager de la cour de Sicile,
nommé *Crespi*, ait eu l'air de se joindre à eux
dans l'espèce de cabale qu'ils avaient formée,
pour vomir perpétuellement des invectives même contre les personnes les plus recommanda-
bles de ma nation. — Il est 4 heures après-midi. Nous arrivons dans la rade de Falmouth,
étant encore à table et la cuiller à la main. Une
trentaine de navires de tous genres sont mouillés dans cette rade aussi longue que commode.
Chacun se dispose à se rendre à terre; mais à
mon grand étonnement, je remarque encore
que ces dignes passagers anglais enfouissent des
objets de contrebande, tels que soieries, etc.,
sous leurs chemises et même jusque dans leurs
bottes. Cela, selon moi, n'est ni délicat, ni
patriotique pour des personnes qui n'ont fait,
toute la route, que vanter leur attachement au
gouvernement. — Nous débarquons enfin dans
ce Falmouth, tant désiré, duquel je rendrai
compte dans l'ouvrage qui fera la suite et le
complément de celui-ci.

F I N.